utb 4547

Eine Arbeitsgemeinschaft der Verlage

Böhlau Verlag · Wien · Köln · Weimar
Verlag Barbara Budrich · Opladen · Toronto
facultas · Wien
Wilhelm Fink · Paderborn
A. Francke Verlag · Tübingen
Haupt Verlag · Bern
Verlag Julius Klinkhardt · Bad Heilbrunn
Mohr Siebeck · Tübingen
Nomos Verlagsgesellschaft · Baden-Baden
Ernst Reinhardt Verlag · München · Basel
Ferdinand Schöningh · Paderborn
Eugen Ulmer Verlag · Stuttgart
UVK Verlagsgesellschaft · Konstanz, mit UVK/Lucius · München
Vandenhoeck & Ruprecht · Göttingen · Bristol
Waxmann · Münster · New York

Alexandra Rogner

Medienrecht in der Praxis

UVK Verlagsgesellschaft mbH · Konstanz
mit UVK/Lucius · München

Die Autorin

Alexandra Rogner ist auf IT- und Medienrecht spezialisierte Rechtsanwältin.

Sie lehrt diese Fachgebiete an der FH Schmalkalden, der DHBW Mosbach sowie der BA Sachsen – Staatliche Studienakademie Dresden und ist Referentin zahlreicher Seminare für Unternehmen.

Online-Angebote oder elektronische Ausgaben sind erhältlich unter www.utb-shop.de.

Bibliografische Information der Deutschen Bibliothek
Die Deutsche Bibliothek verzeichnet diese Publikation in der Deutschen Nationalbibliografie; detaillierte bibliografische Daten sind im Internet über <http://dnb.ddb.de> abrufbar.

Lektorat: Rainer Berger
Einbandgestaltung: Atelier Reichert, Stuttgart
Einbandmotiv und Kapiteleinstiegsbilder: © fotogestoeber – fotolia.com
Druck und Bindung: Pustet, Regensburg

UVK Verlagsgesellschaft mbH
Schützenstr. 24 · 78462 Konstanz
Tel. 07531-9053-0 · Fax 07531-9053-98
www.uvk.de

UTB-Nr. 4547
ISBN 978-3-8252-4547-4

Vorwort

Neue Medien sind schon lange nicht mehr neu, sondern haben längst Einzug in nahezu alle Lebensbereiche gefunden. Insbesondere im Marketing und der Öffentlichkeitsarbeit ist der Einsatz verschiedenster Medien unverzichtbar.

Dieses Buch wendet sich an Studierende und gleichermaßen an Praktiker, die täglich beruflich mit Medien umgehen, insbesondere Beschäftigte im Bereich Marketing, Öffentlichkeitsarbeit und PR, aber auch Unternehmen, die wissen wollen, wie sie beim Einsatz neuer Medien rechtliche Stolperfallen vermeiden können.

Ziel des Buches ist es, neue Medien rechtssicher im Unternehmensalltag nutzen zu können. Dabei soll in erster Linie ein Gesamtüberblick über dieses dynamische Rechtsgebiet gegeben und ein Problembewusstsein geschaffen werden. Zahlreiche Beispiele und Übersichten sollen helfen, den Inhalt schnell zu erfassen, und zum Verständnis beitragen. Im Fokus stehen auch konkrete Marketingmöglichkeiten unter Einsatz von Facebook, Twitter, WhatsApp & Co. Bei der Beantwortung von Rechtsfragen wird auf die Sicht von Unternehmen, Nutzern und Agenturen eingegangen. Juristische Vorkenntnisse sind dabei nicht erforderlich.

In erster Linie möchte ich ganz besonders Herrn Prof. Dr. rer. pol. Thomas Urban für die jahrelange erfolgreiche Zusammenarbeit danken. Ohne ihn würde es dieses Buch nicht geben. Weiterhin gilt mein Dank dem UVK Verlag und Herrn Rainer Berger für seine inspirierenden Fragen.

Viel Spaß beim Lesen und ein erfolgreiches Marketing wünscht Ihnen

Alexandra Rogner

Inhalt

✱ Verzeichnisse

1 Was Sie vorab wissen sollten

Der stetig wachsende Informationsfluss sowie die vielfältigen Möglichkeiten, Informationen zu verbreiten und zu nutzen, stellen nicht nur den Einzelnen vor die Herausforderung, dem Übermaß an Informationen Herr zu werden. Es fordert auch das Recht, mit neuen technischen Entwicklungen Schritt zu halten und für die am Medienprozess Beteiligten einen rechtlichen Rahmen zu gewähren, der allen Interessen gerecht wird.

Dieses Buch bietet einen Einstieg und einen Überblick über das dynamische Rechtsgebiet des Medienrechts. Es kann aufgrund des Umfangs keinen Anspruch auf Vollständigkeit erheben. Dennoch soll es beim Leser ein Problembewusstsein entwickeln, im Bereich der neuen Medien rechtliche Aspekte stets im Blick zu behalten.

Im Kapitel **Begriff und Definition** wird zunächst der Begriff Medienrecht definiert. Dabei erfahren Sie, dass es sich beim Medienrecht um kein klar abgrenzbares Rechtsgebiet handelt, sondern vielmehr um ein *Querschnittsrecht*, das eine Vielzahl von Rechtsgebieten umfasst. Das anschließende Kapitel stellt genau diese **Rechtsgebiete** kurz vor. Einen

Schwerpunkt nehmen im folgenden Kapitel rechtliche Aspekte der **Medienproduktion** ein. Dort erfahren Sie, unter welchen Voraussetzungen Mediengüter rechtlich geschützt sein können. Das Entstehen von Urheberrechten und deren wirtschaftliche Nutzung steht dabei im Vordergrund. Damit einhergehend wird die Frage beantwortet, wann fremde Urheberrechte verletzt werden und mit welchen Ansprüchen sich der Urheber dagegen zur Wehr setzen kann. Auch auf die Voraussetzungen, unter denen Personenfotos für die Mediennutzung veröffentlicht werden dürfen, wird eingegangen. Das anschließende Kapitel beleuchtet rechtliche Aspekte im Rahmen der **Vermarktung**. Im Zentrum steht dabei irreführende Werbung sowie unzumutbare Belästigung des Nutzers. Besonderheiten im Social-Media-Bereich betrachtet das Kapitel **Social Media** genauer. Ausgangspunkt sind Hinweise zur Wahl des Account-Namens, gefolgt von der **Impressumspflicht** in sozialen Netzwerken. Im Anschluss daran geht es um rechtliche Fragestellungen zur Werbung mittels Direct Messaging und zum Social-Media-Marketing. Das Kapitel **Rechtssicher Twittern** widmet sich den Fragen, die häufig bei der Nutzung von Twitter im Unternehmen aufkommen. Im darauffolgenden Kapitel wird der Einsatz von **Social Plugins** unter Berücksichtigung des Datenschutzrechtes erörtert. Sodann wird auch der Umfang der **Meinungsfreiheit** sowie deren Grenzen diskutiert. Im Fokus des nächsten Kapitels steht der **Umgang mit Kritik**. Hier wird aufgezeigt, inwieweit man sich gegen unliebsame Beurteilungen in Bewertungsportalen zur Wehr setzen kann. Anschließend wird der Frage nachgegangen, ob der Betreiber eines Social-Media-Kanals für fremde Inhalte einzustehen hat. Dafür wird abgegrenzt, wann überhaupt eigene oder fremde Inhalte vorliegen. Da in der Praxis oftmals Dritte mit der **Verwaltung von Social-Media-Auftritten** beauftragt werden, werden im folgenden Kapitel rechtliche Besonderheiten in diesem Zusammenhang aufgezeigt. Dabei steht im Mittelpunkt, inwieweit das Unternehmen für Rechtsverletzungen haftet, wenn es zum einen Mitarbeiter mit Social-Media-Aufgaben betraut oder zum anderen dafür eine PR-Agentur beauftragt. Abschließend wird dargestellt, dass im Rahmen eines Arbeitsverhältnisses viele Haftungsprobleme durch den Einsatz von **Social-Media-Guidelines** im Unternehmen vermieden werden können. Eine zusammenfassende Checkliste rundet dieses Kapitel ab.

2 Begriff und Definition

Bislang hat sich noch keine allgemeine Definition für den Begriff **Medienrecht** durchsetzen können.[1] Das Medienrecht wird inzwischen vielmehr als *Sammelbegriff* für diejenigen Rechtsgebiete genutzt, die für Medien typischerweise relevant sein können.[2] Es erfasst damit alle medialen Erscheinungsformen wie Printmedien – also Zeitungen, Zeitschriften und Bücher – Film, Rundfunk, Telekommunikation sowie alle Bereiche von Multimedia. Ausgangspunkt des Medienrechts ist die **Meinungs- und Informationsfreiheit**, die als Grundrecht[3] in Deutschland jedem Menschen gewährt wird. Dies umfasst auch das Recht der Massenmedien und -kommunikation, insbesondere also das Recht der Presse, des Rundfunks und Films.[4] Für das Medienrecht sind besonders folgende Gesetze relevant:

---

1 Vgl. Dorr/Schwartmann (2012), Rn. 25.
2 Vgl. Fechner (2014), S. 3.
3 Vgl. Artikel 5, Absatz 1 GG.
4 Vgl. Cole (2001)

- das **Grundgesetz**,
- die **Presse- und Rundfunkgesetze**,
- das **Bürgerliche Gesetzbuch**,
- das **Urheberrechtsgesetz**,
- das **Markengesetz**,
- die **Datenschutzgesetze** und
- das **Strafgesetzbuch**.

Im Social-Media-Marketing ist darüber hinaus zusätzlich vor allem das **Gesetz gegen den unlauteren Wettbewerb** zu beachten. Da das Medienrecht somit eine Vielzahl von Rechtsbereichen betrifft, wird es auch als *Querschnittsrecht* bezeichnet.[5] Zusammenfassend lässt sich Medienrecht daher wie folgt definieren:

✱ Gut zu wissen!

Medienrecht ist ein Sammelbegriff für eine Vielzahl von Gesetzen aus dem Bürgerlichen Recht, dem Strafrecht und dem öffentlichen Recht. Ausgangspunkt ist das Grundrecht der Meinungs- und Informationsfreiheit.

Das Medienrecht gilt für alle am Medienprozess Beteiligten:[6] Erfasst sind also einerseits Medienschaffende, die aktiv an der Medienproduktion mitwirken, egal ob als Individuen oder als Medienunternehmen. Andererseits gehört jeder einzelne Nutzer, der Informationen aus Medien bezieht, zu den Beteiligten.

---

5 Vgl. exemplarisch Dörr/Schwartmann (2012), Rn. 32; Paschke (2009), Rn. 4.

6 Vgl. Dörr/Schwartmann (2012), Rn. 36.

Sinn und Zweck des Medienrechts ist es, die Rechte und Pflichten der am Medienprozess Beteiligten untereinander zu regeln. Vornehmlich die Medien Presse und Rundfunk leisten einen erheblichen Beitrag zur öffentlichen Meinungsbildung. Aufgabe des Medienrechts ist es daher einerseits, eine bestimmte Kommunikationsinfrastruktur zu gewährleisten.[7] Andererseits müssen die Rechte der Teilnehmer am Medienprozess beachtet werden. Hier wird bspw. die Einhaltung von Datenschutzrechten, Urheberrechten oder Persönlichkeitsrechten relevant.

Tab. 1:
Rechtsgebiete und besonders relevante Gesetze im Medienrecht

Medienrecht		
Zivilrecht (= Privatrecht)	Öffentliches Recht	Strafrecht
Bürgerliches Gesetzbuch	Grundgesetz	Strafgesetzbuch
Urheberrechtsgesetz	Pressegesetz	
Gesetz gegen unlauteren Wettbewerb	Rundfunkgesetze	
Markengesetz	Datenschutzgesetze	

7 Vgl. Fechner (2014), S. 12.

3 Überblick über die relevanten Rechtsgebiete

Da das Medienrecht als Querschnittsrecht eine Vielzahl von Rechtsgebieten mit unterschiedlichen Gesetzen betrifft, sollen zunächst im Rahmen eines Überblicks die für den Medienbereich besonders relevanten Rechtsgebiete vorgestellt werden. Diese Übersicht dient dem Verständnis für diese komplexe Materie und soll den Einstieg in die nachfolgenden Kapitel erleichtern.

Die **Grundrechte** gewährleisten dem Einzelnen bestimmte Rechte und verpflichten den Staat. Sie sind Abwehrrechte des Bürgers gegen den Staat[8] und dienen dem Schutz der Bürger vor staatlichen Eingriffen oder Beschränkungen. Will der Staat in Grundrechte eingreifen, diese also beschränken, benötigt er dafür eine Rechtfertigung, die gesetzlich geregelt sein muss. Unter *Staat* sind in diesem Zusammenhang alle staatlichen Funktionsträger zu verstehen. Die Grundrechte finden sich in der Verfassung, dem Grundgesetz für die Bundesrepublik Deutschland, abgekürzt GG. Somit haben die Grund-

---

8 Vgl. Pieroth et al. (2015), Rn. 76.

rechte Verfassungsrang und stehen über den sog. einfachen Gesetzen, gehen normalen Gesetzen also vor. Nach dem Kreis der Berechtigten lassen sich Grundrechte einerseits in sog. Jedermannsrechte bzw. Menschenrechte und andererseits in Bürgerrechte unterscheiden: Jedermanns- oder Menschenrechte stehen allen Menschen, Bürgerrechte nur deutschen Staatsangehörigen zu. Für das Medienrecht sind die nachfolgenden Grundrechte,[9] die auch unter dem Oberbegriff **Kommunikationsgrundrechte**[10] zusammengefasst werden, von zentraler Bedeutung:

- **Meinungsfreiheit**
  seine Meinung frei äußern und verbreiten
- **Informationsfreiheit**
  sich aus allgemein zugänglichen Quellen unterrichten
- **Medienfreiheit**
  Produktionsfreiheit für Presse, Rundfunk und Film

Bei diesen Grundrechten handelt es sich um *Jedermannsrechte*, da diese Grundrechte ohne Einschränkung jedem Menschen bzw. allen juristischen Personen des Inlands zustehen. Darüber hinaus können noch folgende Grundrechte im Medienrecht Bedeutung erhalten: der Schutz der Menschenwürde[11], das Recht auf freie Entfaltung der Persönlichkeit[12] sowie die Kunst- und Wissenschaftsfreiheit.[13] Auch diese Grundrechte stehen allen Menschen zu.

Das *Allgemeine Persönlichkeitsrecht* wird aus den Grundrechten der allgemeinen Handlungsfreiheit[14] und der Menschenwür-

---

9 Art. 5 Abs. 1 GG.

10 Vgl. Fechner (2014), S. 19.

11 Art. 1 Abs. 1 GG.

12 Art. 2 Abs. 1 GG.

13 Art. 5 Abs. 3 GG.

14 Art. 2 Abs. 1 GG.

de abgeleitet und ist wie ein eigenständiges Grundrecht zu behandeln. Es gibt dem Einzelnen das Recht der Selbstbestimmung, der Selbstbewahrung und der Selbstdarstellung.[15] Vom allgemeinen Persönlichkeitsrecht als Grundrecht ist das allgemeine Persönlichkeitsrecht im Zivilrecht zu unterscheiden. Mit dem allgemeinen Persönlichkeitsrecht des Zivilrechts kann sich der Betroffene jedoch gegen jedermann, und vor allem gegen die Medien, zur Wehr setzen. Das allgemeine Persönlichkeitsrecht gewährt dem Einzelnen u. a. folgenden Schutz:

- **Schutz des Kernbereichs privater Lebensgestaltung**
  Geschützt werden Intimes wie bspw. Sexualität und Krankheiten, die Privatsphäre, also die „eigenen vier Wände“ sowie jeder Ort, an dem der Betroffene erkennbar eine Rückzugsmöglichkeit sucht.
- **Recht am eigenen Bild**
  Die Veröffentlichung von Fotos oder Filmaufnahmen ist grundsätzlich nur mit Einwilligung des Abgebildeten zulässig.
- **Recht der persönlichen Ehre**
  Das Recht der persönlichen Ehre schützt den Einzelnen vor Diffamierung.[16] Als mögliche Straftaten sind hier Verleumdung,[17] üble Nachrede[18] und Beleidigung[19] zu nennen.
- **Recht am gesprochenen und geschriebenen Wort**
  Jeder darf selbst entscheiden, ob sein gesprochenes Wort auf Tonträger aufgezeichnet und veröffentlicht wird.[20] Die

---

15 Vgl. Pieroth et al. (2015), Rn. 391 ff.

16 Vgl. Fechner (2014), S. 70 f.

17 § 187 StGB.

18 § 186 StGB.

19 § 185 StGB.

20 Vgl. Dörr/Schwartmann (2012), Rn. 331.

Veröffentlichung persönlicher Aufzeichnungen, wie Briefe oder Tagebücher, ist nur mit Einwilligung des Betroffenen zulässig.[21]

- **Recht auf informationelle Selbstbestimmung**
  Jeder darf über die Preisgabe und Verwendung seiner persönlichen Daten selbst entscheiden.[22]
- **Grundrecht auf Gewährleistung der Vertraulichkeit und Integrität informationstechnischer Systeme**
  Das sog. *IT-Grundrecht*[23] wurde vom Bundesverfassungsgericht[24] im Zuge einer Entscheidung zur sog. Onlinedurchsuchung im Jahr 2008 entwickelt. Es schützt den Einzelnen vor Zugriffen des Staates auf informationstechnische Systeme. Ein solcher Eingriff ist nur zulässig, wenn erhebliche Gefahren für ein überragend wichtiges Rechtsgut, wie Leben, Leib und Freiheit der Person, bestehen.[25]

Das Urheberrecht

Das *Urheberrecht* schützt künstlerische oder wissenschaftlich-technische Leistungen, die ein gewisses Maß an Originalität und Kreativität aufweisen. Dieser Schutz entsteht gemäß dem deutschen Recht automatisch mit dem Erschaffen des Werkes, ohne dass eine Registrierung, ein *Copyright*-Vermerk oder sonstige Formalitäten erforderlich wären. Der Urheberrechtsschutz endet 70 Jahre nach dem Tod des Urhebers. Das Urheberrecht soll einerseits die wirtschaftlichen Interessen des Urhebers wahren, indem ihm allein die umfassenden Verwertungsrechte an dem von ihm geschaffenen Werk zustehen. Verwertungsrechte sind insbesondere

---

21 Vgl. Dörr/Schwartmann (2012), Rn. 332.

22 Vgl. Pieroth et al. (2015), Rn. 399.

23 Vgl. Pieroth et al. (2015), Rn. 400.

24 BVerfG v. 27.02.2008, Az. 1 BvR 370/07, 1 BvR 595/07.

25 Vgl. Paschke (2009), Rn. 956 ff.

- das Vervielfältigungsrecht,[26]
- das Verbreitungsrecht,[27]
- das Ausstellungsrecht[28] und
- das Recht zur öffentlichen Wiedergabe.[29]

Der Urheber kann diese Verwertungsrechte an Dritte, meist gegen Zahlung einer Vergütung, übertragen.

Andererseits soll das Informationsbedürfnis der Nutzer gewährleistet werden, sodass mit Hilfe des Urheberrechts diese unterschiedlichen Interessen in Ausgleich gebracht werden sollen. Das Urheberrecht ist im Gesetz über Urheberrecht und verwandte Schutzrechte, abgekürzt UrhG, geregelt.

Das Wettbewerbsrecht

Das *Wettbewerbsrecht* dient dem Schutz der Mitbewerber, der Verbraucher sowie der sonstigen Marktteilnehmer vor unlauterem Wettbewerb. Es schützt zugleich das Interesse der Allgemeinheit an einem unverfälschten Wettbewerb.[30] Das Wettbewerbsrecht ist vor allem im Gesetz gegen den unlauteren Wettbewerb (UWG) geregelt. Dieses Gesetz bestimmt, unter welchen Voraussetzungen bestimmte geschäftliche Handlungen „unlauter" und damit unzulässig sind. Dazu gehört bspw. getarnte Werbung, also *Schleichwerbung*.[31] Es ist unzulässig, Mitbewerber herabzusetzen oder zu verunglimpfen.[32] Irreführende Werbung, die unwahre Angaben enthält

26 § 16 UrhG.

27 § 17 UrhG.

28 § 18 UrhG.

29 §§ 19 ff. UrhG.

30 § 1 UWG.

31 § 5 a Abs. 6 UWG.

32 § 4 Nr. 1 UWG.

oder geeignet ist, andere zu täuschen, ist ebenfalls untersagt.[33]

✱ Gut zu wissen!

Bei der Direktwerbung mittels Telefon, Fax, E-Mail oder SMS ist immer zu prüfen, ob eine unzumutbare Belästigung[34] vorliegt. Diese Werbeform wird später noch vertieft werden. In der sog. *Schwarzen Liste*, einem Anhang zum UWG, sind geschäftliche Handlungen benannt, die gegenüber Verbrauchern immer unzulässig sind.

Das Marken- und Kennzeichenrecht

Das *Marken- und Kennzeichenrecht* regelt den Schutz von Marken oder Kennzeichen wie etwa Firmennamen oder -logos. Alle Zeichen, Wörter, Personennamen, Abbildungen, Buchstaben und Zahlen[35] können als Marke geschützt sein. Voraussetzung dafür ist jedoch, dass das jeweilige Markenzeichen geeignet ist, Waren oder Dienstleistungen eines Unternehmens von denjenigen eines anderen Unternehmens zu unterscheiden.[36] Zeichen oder Angaben, welche die Ware oder Dienstleistung beschreiben können oder die im allgemeinen Sprachgebrauch zur Bezeichnung der Ware oder Dienstleistung üblich geworden sind, können jedoch nicht mehr als Marke geschützt werden.[37] Bei solchen allgemeinen Begriffen besteht ein sog. *Freihaltebedürfnis*. Damit sollen Mitbewerber die Möglichkeit behalten, ihre eigenen Waren

---

33 § 5 f. UWG.

34 § 7 UWG.

35 § 3 Abs. 1 MarkenG.

36 § 3 Abs. 1 MarkenG.

37 § 8 Abs. 1 Nr. 2, 3 MarkG.

und Dienstleistungen zu beschreiben. Marken dienen vor allem dazu, den Endabnehmer über die Herkunft der Ware und den Betrieb des Herstellers zu informieren.[38] Markenschutz entsteht in erster Linie durch die Eintragung einer Marke in das Markenregister des Deutschen Patent- und Markenamtes. Darüber hinaus kann im Einzelfall eine Marke allein durch ihre Benutzung im geschäftlichen Verkehr Markenschutz erhalten, wenn sie in den beteiligten Verkehrskreisen bekannt geworden ist. Ist eine Marke geschützt, so gibt sie ihrem Inhaber ein ausschließliches Recht. Damit dürfen Dritte im geschäftlichen Verkehr kein identisches oder ähnliches Markenzeichen für die Kennzeichnung identischer oder ähnlicher Waren oder Dienstleistungen verwenden, ansonsten würden sie die geschützte Marke des Markeninhabers verletzen. Neben Marken werden auch Unternehmenskennzeichen, also der Name, die Firma oder sonstige besondere Bezeichnungen des Geschäftsbetriebs, geschützt. Anders als Marken können Unternehmenskennzeichen nicht in ein Register eingetragen werden. Ihr Schutz entsteht vielmehr automatisch mit Beginn der Benutzung im geschäftlichen Verkehr zur Kennzeichnung des Geschäftsbetriebs. Der Schutz von Marken und Kennzeichen ist im Gesetz über den Schutz von Marken und sonstigen Kennzeichen (Markengesetz – MarkenG) geregelt.

Das Zivilrecht

Das *Zivilrecht*, auch Privatrecht genannt, ist der Teil des Rechts, der die Beziehungen zwischen den einzelnen gleichgeordneten Mitgliedern der Gemeinschaft regelt.[39] Dagegen geht es im *öffentlichen Recht* meist um die Regelung von Über- und Unterordnungsverhältnissen, wobei sich Bürger und

38 Vgl. Bingener (2012), S. 6.

39 Vgl. Brox/Walker (2013): Allgemeiner Teil des BGB, § 1 Rn. 10.

Staat gegenüberstehen. Das Zivilrecht ist u. a. im Bürgerlichen Gesetzbuch geregelt. Aber auch die bereits vorgestellten Rechtsgebiete des Urheberrechts, Markenrechts und Wettbewerbsrecht zählen zum Zivilrecht, da sich hier Gleichgestellte, wie bspw. Urheber und Nutzer oder zwei Mitbewerber, gegenüberstehen.

Das Datenschutzrecht

Das *Datenschutzrecht* dient in erster Linie dem Schutz des Einzelnen vor dem „gläsernen Menschen". Geschützt werden alle Einzelangaben über persönliche oder sachliche Verhältnisse einer bestimmten oder bestimmbaren Person.[40] Im Datenschutzrecht gilt der Grundsatz der Datenvermeidung bzw. der Datensparsamkeit und der Zweckbindung.[41] Dies bedeutet, dass einerseits so wenig wie notwendig Daten erfasst werden sollen, um so wenig wie möglich in das Recht des Einzelnen auf informationelle Selbstbestimmung einzugreifen. Andererseits sollen Daten nur dann erfasst und genutzt werden, wenn dies im Gesetz ausdrücklich erlaubt ist und einem bestimmten Zweck dient. Das Datenschutzrecht ist im Bundesdatenschutzgesetz und in den Datenschutzgesetzen der Länder geregelt. Das Datenschutzrecht schützt die Persönlichkeit des Einzelnen vor Zugriffen des Staates, weshalb es zum einen dem öffentlichen Recht zuzuordnen ist. Zum anderen müssen aber auch alle Unternehmen, die Daten sammeln, diese Vorschriften beachten. Insoweit kann das Datenschutzrecht auch dem Zivilrecht zugeordnet werden.

---

40 § 3 Absatz 1 BDSG.

41 Vgl. Hoeren (2015), S. 434.

Das Strafrecht

Die allgemeinen Vorschriften des *Strafrechts* sind auch im Medienrecht anwendbar. Im Bereich der Medien können insbesondere folgende Straftaten relevant werden:

- Verbreiten von Propagandamitteln verbotener Organisationen[42],
- Verwendung von Kennzeichen verfassungswidriger Organisationen[43],
- Volksverhetzung[44],
- Anleitung zu Straftaten[45],
- Verbreitung von Gewaltdarstellungen[46],
- Straftaten gegen die Ehre[47],
- „Hacking“[48],
- Abfangen von Daten[49],
- Computerbetrug[50],
- Datenveränderung[51] und
- Computersabotage[52].

Das Strafrecht ist im Strafgesetzbuch, dem StGB, geregelt. Daneben finden sich noch in anderen Gesetzen Straftatbe-

---

42 § 86 StGB.

43 § 86a StGB.

44 § 130 StGB.

45 § 130a StGB.

46 § 131 StGB.

47 §§ 185 ff. StGB.

48 § 202a StGB.

49 § 202b StGB.

50 § 263a StGB.

51 § 303a StGB.

52 § 303b StGB.

stände, so ist auch die Verletzung von Urheberrechten eine Straftat,[53] Softwarepiraterie,[54] strafbare Werbung[55] und die Verletzung von Marken und Unternehmenskennzeichen[56] sind ebenso strafbar.

53 § 106 UrhG.

54 §§ 106, 69a UrhG.

55 § 16 UWG.

56 § 143 MarkenG.

4 Medienproduktion und Recht

Bei der Produktion von Mediengütern spielt das kreative Schaffen des an der Produktion Beteiligten eine wichtige Rolle. Diese Kreativität verdient unter gewissen Voraussetzungen einen bestimmten Schutz. Bei der Nutzung von Mediengütern stehen sich unterschiedliche Interessen gegenüber:

- der Nutzer möchte sein Informationsbedürfnis befriedigen,
- der Produzent will aus der Herstellung des Medienguts wirtschaftlichen Vorteil ziehen.

Diese unterschiedlichen Interessenlagen müssen gewahrt und miteinander in Einklang gebracht werden.

Es soll daher zunächst die Frage beantwortet werden, welche Mediengüter generell urheberrechtlich geschützt werden können und welche Voraussetzungen dafür vorliegen müssen. Sodann werden die einzelnen Rechte des Urhebers, insbesondere die Verwertungsrechte, vorgestellt. Aus der Sicht des Verwerters wird dann aufgezeigt, wann eine Verletzung von Urheberrechten vorliegt. Beim Leser soll ein Problembewusstsein entwickelt werden, damit er fremde Inhalte nicht bedenkenlos verwendet. Außerdem werden die Konsequenzen dargestellt, die demjenigen drohen, der Urheberrechte nicht beachtet. Da heutzutage Medien ohne Bilder oder Videos nahezu undenkbar sind, wird aufgrund der enormen Praxisbedeutung schließlich dargelegt, unter welchen Voraussetzungen Bilder, die fremde Personen zeigen, veröffentlicht werden dürfen.

4.1 Schutz eigener Inhalte

Wer Medienprodukte – gleich welcher Art – erschafft, stellt sich unweigerlich die Frage, ob das von ihm erschaffene Ergebnis einen besonderen Schutz genießt und ob er Dritten die Nutzung dieser Medienprodukte untersagen oder die Bedingungen einer Nutzung, wie bspw. Zahlung einer Vergütung, zumindest selbst festlegen kann.

Es soll deswegen nachfolgend zunächst das *Entstehen von Urheberrechten* erörtert werden, also welche Voraussetzungen vorliegen müssen, damit ein Medienprodukt überhaupt urheberrechtlich geschützt ist. Außerdem werden die wichtigsten *Rechte des Urhebers* vorgestellt. Dabei wird auf die Übertragung von Nutzungsrechten und den Anspruch des Urhebers auf Zahlung einer angemessenen Vergütung eingegangen.

Entstehen von Urheberrechten

Das Urheberrechtsgesetz schützt die Urheber von Werken der Literatur, Wissenschaft und Kunst.[57] Das Urheberrechtsgesetz spricht immer von „Werken“ als Oberbegriff für die einzelnen Medienprodukte. Zu den geschützten *Werken der Literatur, Wissenschaft und Kunst* gehören insbesondere:

---

57 § 1 UrhG.

- Sprachwerke, wie Schriftwerke, Reden und Computerprogramme;
- Werke der Musik;
- pantomimische Werke einschließlich der Werke der Tanzkunst;
- Werke der bildenden Künste einschließlich der Werke der Baukunst und der angewandten Kunst und Entwürfe solcher Werke;
- Lichtbildwerke einschließlich der Werke, die ähnlich wie Lichtbildwerke geschaffen werden;
- Filmwerke einschließlich der Werke, die ähnlich wie Filmwerke geschaffen werden;
- Darstellungen wissenschaftlicher oder technischer Art, wie Zeichnungen, Pläne, Karten, Skizzen, Tabellen und plastische Darstellungen.[58]

Urheberrechtlich *geschützte Medienprodukte* können also sein: Texte, Fotos, Computerprogramme, Datenbanken, Audio- und Videodateien.

Bei dem geschaffenen Werk muss es sich um eine *persönliche geistige Schöpfung* handeln.[59] Dies bedeutet, dass das Werk durch die gestalterische Tätigkeit eines *Menschen* entstanden sein muss. Urheber kann somit immer nur eine natürliche Person und keine juristische Person, wie etwa eine GmbH, sein.[60] In dem Werk muss ein geistiger Gehalt zum Ausdruck gebracht werden. Dies erfordert, dass das Werk einen vom Urheber stammenden Gedanken- oder Gefühlsinhalt aufweist, der auf den Nutzer unterhaltend, belehrend oder sonst

[58] § 2 Abs. 1 UrhG

[59] § 2 Abs. 2 UrhG.

[60] Vgl. Rehbinder (2015), Rn. 248.

wie anregend wirkt.[61] Weiterhin muss das geschaffene Werk sinnlich wahrnehmbar sein, es muss also in einer konkreten Form umgesetzt worden sein. Demgegenüber sind bloße Gedanken oder Ideen nicht urheberrechtlich geschützt. Schließlich muss die persönliche Leistung des Urhebers eine sog. *Schöpfungshöhe oder Gestaltungshöhe* aufweisen. Das Werk muss folglich einen individuellen Charakter haben.

✱ Gut zu wissen!

Schöpfungshöhe, oder auch *Gestaltungshöhe* genannt, beschreibt das Maß an Individualität, das einem Werk anhaftet. Wird die notwendige Schöpfungshöhe nicht erreicht, besteht kein Urheberrechtsschutz. Wie hoch die Schöpfungshöhe liegt, richtet sich nach dem jeweiligen Werk.[62]

Bei Fotos sowie Audio- und Videodateien wird die Schöpfungshöhe häufig erreicht sein, sodass diese Werke urheberrechtlich geschützt sind. Demgegenüber kommt es bspw. bei Texten (sog. „Sprachwerken“) auf deren konkrete Art und ihren Umfang an. Handelt es sich um „Alltagstexte“, wie etwa Werbetexte oder Produktbeschreibungen, müssen sie sich aus der Masse vergleichbarer Texte hervorheben und eine gewisse Originalität aufweisen.[63] Ist der Inhalt des Textes frei erfunden, wird ein Schutz eher möglich sein.[64] Demgegenüber sind Texte, die Gebrauchszwecken dienen, wie Bedienungsanweisungen oder reine Produktbeschreibungen u. Ä., weitaus seltener geschützt. Bei solchen Texten werden

---

[61] Vgl. Dreier/Schulz (2013), UrhG § 2 Rn. 12.

[62] Vgl. Rehbinder (2015), Rn. 152 ff.

[63] Vgl. Dreier/Schulz (2013), UrhG § 2 Rn. 20.

[64] Vgl. Dreier/Schulz (2013), UrhG § 2 Rn. 20 f.

in erster Linie vorgegebene Tatsachen wiedergegeben, sodass kaum Raum für individuelle Formulierungen besteht. Insgesamt kommt es jedoch immer auf den Einzelfall an. Wird für solche Texte die Schöpfungshöhe nicht erreicht, sind diese Texte nicht geschützt. Das heißt, Dritte dürfen diese Texte verwenden, ohne dass sich der Verfasser dagegen wehren kann.

Das Urheberrecht entsteht *automatisch mit Erschaffen des Werkes.*[65] Eine Eintragung in ein Register ist nicht erforderlich. Ebenfalls nicht notwendig ist es, das Werk zu kennzeichnen, bspw. mit dem **Copyright-Vermerk ©**. Auch kommt es nicht auf eine Veröffentlichung oder ein Erscheinen des Werkes an. Das Urheberrecht erlischt 70 Jahre nach dem Tod des Urhebers.[66] Nach Ablauf dieser Frist kann das Werk von jedermann frei genutzt oder verändert werden.

Die Voraussetzungen für das Entstehen von Urheberrechten lassen sich wie folgt zusammenfassen:

- persönliche geistige Schöpfung des Urhebers,
- Werke der Literatur, Wissenschaft und Kunst,
- Umsetzung des Werkes in einer konkreten Form (keine bloße Idee),
- Erreichen der Schöpfungshöhe; erforderlich ist ein individueller Charakter des Werkes,
- Entstehen des Schutzes bereits durch das Erschaffen des Werkes.

Rechte des Urhebers

Das Urheberrecht soll dem Urheber in erster Linie eine angemessene Vergütung für die Nutzung seines Werkes si-

65 Vgl. Dreier/Schulz (2013), UrhG § 2 Rn. 35.

66 § 65 UrhG.

chern.[67] Das Gesetz unterscheidet bei den Rechten des Urhebers einerseits zwischen den Verwertungsrechten und andererseits zwischen den Urheberpersönlichkeitsrechten. Bei den Verwertungsrechten lässt sich zwischen den körperlichen und unkörperlichen Verwertungsrechten unterscheiden.

Tab. 2:
Struktur der Rechte des Urhebers[68]

Rechte des Urhebers		
Verwertungsrechte		Urheberpersönlichkeitsrechte
körperliche Verwertungsrechte	unkörperliche Verwertungsrechte	Veröffentlichungsrecht
Vervielfältigungsrecht	Vortrags-, Aufführungs- und Vorführungsrecht	Recht auf Anerkennung der Urheberschaft
Verbreitungsrecht	Recht der öffentlichen Zugänglichmachung	Recht, Entstellungen des Werks zu verhindern
Ausstellungsrecht	Senderecht	Zugangsrecht
	Recht der Wiedergabe durch Bild- und Tonträger sowie von Funksendungen	Änderungsverbot

67 § 11 UrhG.

68 §§ 12 ff. UrhG; vgl. Fechner (2014), S. 132 f.

Der Urheber ist Inhaber der *Verwertungsrechte* an seinem Werk.[69] Ohne Zustimmung des Urhebers ist folglich eine Nutzung des Werkes nicht erlaubt. Er kann anderen jedoch die Nutzung des Werkes in einer bestimmten Weise gestatten, um davon wirtschaftlich zu profitieren. Er überträgt dann das sog. *Nutzungsrecht*.[70] Der Urheber schließt dafür mit dem Nutzer einen Vertrag, den sog. *Nutzungs- oder Lizenzvertrag*. Denn die Einräumung von Nutzungsrechten wird auch als Vergabe von Lizenzen bezeichnet. Die Übertragung von Nutzungsrechten kann entweder ausdrücklich oder stillschweigend erfolgen. Eine bestimmte Form ist nicht vorgesehen, sodass der Vertrag mündlich oder schriftlich geschlossen werden kann. Aus Gründen der Rechtssicherheit ist jedoch ein schriftlicher Vertrag empfehlenswert. Der Urheber gestattet dem Dritten, das Werk in einer bestimmten Art und Weise zu nutzen und verlangt dafür meist eine Vergütung. Der Inhalt des Nutzungsvertrages bestimmt sich allein danach, was die Vertragspartner vereinbart haben, denn gesetzliche Regelungen existieren hierzu nicht. Der Urheber kann einem Dritten *ausschließliche oder einfache Nutzungsrechte* übertragen, die sich wie folgt unterscheiden.

✱ Gut zu wissen!

Das *ausschließliche Nutzungsrecht* erlaubt allein dem Inhaber dieses Nutzungsrechts, das Werk zu nutzen. Allen anderen, einschließlich dem Urheber, ist die Nutzung des Werkes nicht (mehr) gestattet.

---

69 § 15 Abs. 1 UrhG.

70 vgl. Fechner (2011), S. 133.

Das *einfache Nutzungsrecht* erlaubt dem Inhaber dieses Nutzungsrechts, das Werk in der vereinbarten Weise zu nutzen. Daneben können der Urheber und andere Personen das Werk nutzen.

Der Nutzungsvertrag kann auch zeitliche Beschränkungen der Nutzungsdauer regeln oder die Nutzung quantitativ beschränken.

Beispiel

So kann ein Fotograf eine Nutzung von Fotos für die Dauer von 2 Jahren gestatten. Oder: Ein Softwareunternehmen kann im Nutzungsvertrag dem Kunden gestatten, die Software auf bis zu 3 Arbeitsplätzen zu nutzen.

Der Nutzungsvertrag sollte schließlich regeln, welche konkrete Nutzungsart dem Dritten erlaubt sein soll.[71]

✱ Gut zu wissen!

Nutzungsart ist jede wirtschaftlich-technisch selbständige und abgrenzbare Verwertungsform.[653]

Typische Nutzungsarten sind:

- Nutzung von Fotos für den Printbereich
- Nutzung von Texten für Internetseiten
- Veröffentlichung einer Videodatei über Social-Media-Plattformen

Der Urheber hat Anspruch auf eine *angemessene Vergütung*.[72] Dies gilt einerseits dann, wenn die Vertragspartner überhaupt

[71] Vgl. Fechner (2014) S. 135.

[72] §§ 11 S. 2, 32 UrhG.

keine Vergütung vereinbart haben. Andererseits gilt dies aber auch, wenn eine Vergütung zwar vereinbart wurde, diese aber nicht „angemessen", also zu gering ist. Im letztgenannten Fall kann der Urheber von seinem Vertragspartner eine Änderung des Nutzungsvertrages und Zahlung einer angemessenen Vergütung verlangen. Welche Vergütung im konkreten Fall angemessen ist, richtet sich in erster Linie nach den gemeinsamen Vergütungsregeln, die Vereinigungen von Urhebern mit Vereinigungen von Werknutzern aufgestellt haben.[73]

Existiert eine solche gemeinsame Vergütungsregel nicht, gilt als angemessen, was man zur Zeit des Vertragsschlusses in dieser Branche für die Nutzung des konkreten Werkes als angemessene Vergütung vereinbart hätte. Ohne Zweifel ist das Thema der angemessenen Vergütung eine Frage, die abschließend nur für den konkreten Einzelfall beantwortet werden kann. Für die Nutzung digitaler Rechte gibt es bislang in der Praxis noch keine festen Vergütungsregeln.[74] Deshalb sollte die Vergütung in solchen Fällen individuell vereinbart werden.

Die *Urheberpersönlichkeitsrechte* schützen die ideellen Interessen des Urhebers auf Bestand und Unversehrtheit seines Werkes.[75] Der Urheber hat das Recht zu entscheiden, ob und wie sein Werk zu veröffentlichen ist. Das Recht auf Anerkennung der Urheberschaft beinhaltet vor allem das Namensnennungsrecht des Urhebers. Der Urheber hat danach einen Anspruch darauf, als Urheber eines bestimmten Werkes benannt zu werden. Es gibt dem Urheber ein Abwehrrecht gegen Dritte, die behaupten, selbst Urheber eines Werkes zu sein.

73 §§ 32, 36 UrhG.

74 Vgl. Hoeren (2015), S. 189.

75 Vgl. Rehbinder (2015), Rn. 389 ff.

✱ Gut zu wissen!

Dieses Recht auf Anerkennung der Urheberschaft ist bereits dann verletzt, wenn z. B. auf einer Website auf ein urheberrechtlich geschütztes Werk verlinkt wird, ohne den Urheber zu benennen.

Der Urheber hat zudem das Recht, Entstellungen seines Werkes zu verbieten. Damit soll verhindert werden, dass die Wesenszüge eines Werkes verzerrt oder verfälscht werden. Das Zugangsrecht ist weniger für die Medien als vielmehr für die bildenden Künste relevant. Das Änderungsverbot verbietet Inhabern eines Nutzungsrechts, das Werk zu verändern.

4.2 Verwendung fremder Inhalte

Wohl kaum ein Unternehmen dürfte in der Lage sein, die eigene Medienpräsenz ausschließlich mit eigenen Inhalten, also selbstverfassten Texten, eigenen Fotos und Videos, zu gestalten. Die Verwendung fremder Inhalte spielt daher bei der Medienproduktion unweigerlich eine bedeutsame Rolle. Es ist deshalb wichtig zu wissen, unter welchen Voraussetzungen fremde Inhalte für die Gestaltung eigener Medienprodukte verwendet werden dürfen. In diesem Zusammenhang soll auch geklärt werden, wann überhaupt eine Verletzung von Urheberrechten vorliegt und welche Konsequenzen demjenigen drohen, der fremde Urheberrechte verletzt.

Zulässige Nutzung urheberrechtlich geschützter Werke

> ✱ Gut zu wissen!
>
> Grundsätzlich gilt: Die Nutzung fremder urheberrechtlich geschützter Inhalte erfolgt nur mit Zustimmung des Urhebers.

Das Urheberrecht schützt den Urheber jedoch nicht grenzenlos. Unter bestimmten Voraussetzungen ist es zugunsten der Allgemeinheit zulässig, urheberrechtlich geschützte Werke auch ohne Zustimmung des Urhebers zu nutzen. Dazu gehören folgende Varianten, die anschließend genauer erläutert werden:

- amtliche Werke
- öffentliche Reden, Zeitungsartikel, Rundfunkkommentare
- fremde Inhalte als Zitate
- Vervielfältigung zum privaten oder sonstigen eigenen Gebrauch
- Panoramafreiheit
- freie Benutzung
- Sammlungen für Kirchen-, Schul- oder Unterrichtsgebrauch
- öffentliche Zugänglichmachung für Unterricht und Forschung
- Ablauf des Urheberrechtsschutzes

Amtliche Werke,[76] wie Gesetze, Verordnungen, amtliche Bekanntmachungen und Entscheidungen, sollen von der Allgemeinheit zur Kenntnis genommen werden und dürfen

---

76 § 5 UrhG.

deshalb ohne Weiteres verbreitet werden. *Zeitungsartikel* und Rundfunkkommentare, die politische, wirtschaftliche oder religiöse Tagesfragen betreffen, dürfen verwertet werden, sofern sie keinen Rechtevorbehalt enthalten. Allerdings ist dem Urheber eine angemessene Vergütung zu zahlen. Das *Zitatrecht*[77] erlaubt unter bestimmten Voraussetzungen, Teile eines urheberrechtlich geschützten Werkes identisch zu übernehmen. Die Übernahme muss dafür einem bestimmten Zitatzweck dienen, das Zitat soll also lediglich eigene Aussagen untermauern. Außerdem muss das Zitat eine entsprechende Quellenangabe enthalten. Die sog. *Privatkopie*[78] gestattet es, urheberrechtlich geschützte Werke zum privaten Gebrauch zu vervielfältigen. Mit der Herstellung der Kopie dürfen jedoch keine kommerziellen Zwecke verfolgt werden. Auch ist es unzulässig, einen wirksamen Kopierschutz[79] zu umgehen oder eine offensichtlich rechtswidrig hergestellte Vorlage für das Herstellen der Privatkopie zu verwenden.

> Beispiel
> Die Privatkopie erlaubt es bspw., Lieder einer CD auf einen MP3-Player zu spielen, wenn dabei kein Kopierschutz umgangen wurde.

Die *Panoramafreiheit*[80] legitimiert es, Ansichten öffentlicher Wege, Straßen und Plätze fotografisch zu vervielfältigen und zu verbreiten. Damit ist es z. B. erlaubt, Bauwerke von einem öffentlichen Platz aus zu fotografieren und dieses Foto zu veröffentlichen. Um eine zulässige *freie Benutzung*[81] handelt es sich, wenn ein urheberrechtlich geschütztes Werk nur als

---

77 § 51 UrhG.

78 § 53 Absatz 1 UrhG.

79 § 95 a Absatz 1 UrhG.

80 § 59 Absatz 1 UrhG.

81 § 24 UrhG.

Grundlage für die Produktion eines neuen selbständigen Werkes dient. Voraussetzung ist jedoch, dass das ursprüngliche Werk lediglich als Anregung gedient hat und in dem neu geschaffenen Werk kaum noch zu erkennen ist. Demgegenüber liegt eine *Bearbeitung* vor, wenn das ursprüngliche Werk zwar verändert, aber in seinen Grundzügen noch erkannt werden kann. Die Veröffentlichung einer solchen Bearbeitung ist nur mit Zustimmung des Urhebers zulässig.[82]

> Beispiel
>
> Eine zulässige freie Benutzung liegt bspw. vor, wenn ein künstlerisches Foto als Anregung für die Komposition eines Musikstücks dient. Im Gegensatz dazu handelt es sich um eine Bearbeitung, wenn ein markanter Ausschnitt dieses Fotos in einer Collage verwendet wird. Eine Veröffentlichung dieser Collage ist ohne Zustimmung des Fotografen nicht erlaubt.

Verletzung des Urheberrechts

> * Gut zu wissen!
>
> Eine Verletzung von Urheberrechten liegt dann vor, wenn fremde Werke genutzt werden,
>
> - ohne dass der Urheber dem zugestimmt hat und
> - keine gesetzliche Ausnahme vorliegt.

Die Rechte des Urhebers werden aber auch dann verletzt, wenn der Nutzer ein ihm eingeräumtes Nutzungsrecht überschreitet.

82 § 23 UrhG.

Beispiel

Erlaubt ein Fotograf lediglich, das Bild auf einer Website zu veröffentlichen, ist es nicht zulässig dieses Foto auch für Printprodukte zu verwenden, da es sich dabei um eine andere Nutzungsart handelt.

Konsequenzen bei Urheberrechtsverletzungen

Werden die Rechte des Urhebers verletzt, so hat dieser folgende Ansprüche:[83]

- **Unterlassungsanspruch**
  Der Urheber kann verlangen, dass die verletzende Handlung, z. B. die Verbreitung eines Videos, zukünftig nicht wieder begangen wird.
- **Beseitigungsanspruch**
  Wenn die Rechtsverletzung noch besteht, kann der Urheber deren Beseitigung verlangen. Werden bspw. Texte ohne Zustimmung des Urhebers auf einer Webseite veröffentlicht, so kann er deren Löschung fordern.
- **Auskunftsanspruch**
  Zur Herkunft bzw. dem Vertrieb von rechtswidrig hergestellten Vervielfältigungsstücken sowie über Art und Ausmaß der Rechtsverletzung kann Auskunft verlangt werden, um einen Schadensersatzanspruch bestimmen zu können.
- **Vernichtung oder Überlassung**
  Der Urheber kann die Vernichtung oder Überlassung von rechtswidrig hergestellten oder verbreiteten Vervielfältigungsstücken verlangen.

---

83 §§ 97 ff. UrhG.

- **Zahlung von Schadensersatz**
  Die Höhe des Schadensersatzes kann dabei nach drei Möglichkeiten berechnet werden: ❶ nach dem bei dem Urheber eingetretenen Schaden, ❷ nach der Höhe des Gewinns, den der Verletzte erzielt hat, und ❸ danach, was üblicherweise als Lizenzgebühr zu zahlen wäre. Die 3. Variante wird als *Lizenzanalogie* bezeichnet und kommt in der Praxis am häufigsten vor. Der Urheber selbst entscheidet, nach welcher Berechnungsmethode der Schadensersatz ermittelt werden soll.

- **Ersatz von Abmahnkosten**
  Werden Urheberrechte verletzt, kann der Urheber mit einer sog. *Abmahnung* versuchen, ohne Einschaltung des Gerichts seine Ansprüche gegenüber dem Verletzer durchzusetzen. Das Abmahnschreiben enthält eine Schilderung der Rechtsverletzung, der Abgemahnte wird aufgefordert, die vorgeworfene Handlung zu unterlassen und eine strafbewehrte Unterlassungserklärung abzugeben. Weiterhin enthält die Abmahnung die Androhung gerichtlicher Schritte. Oft ist der Abmahnung bereits eine vorgefertigte Unterlassungserklärung beigefügt. Die Unterlassungserklärung dient dazu, zukünftige Rechtsverletzungen zu verhindern. Denn gibt der Abgemahnte eine Unterlassungserklärung ab, kommt zwischen ihm und dem Urheber ein verbindlicher Vertrag, ein sog. Unterlassungsvertrag, zustande. Verstößt der Abgemahnte gegen diesen Unterlassungsvertrag, indem er wieder die Rechte des Urhebers verletzt, muss er die in der Unterlassungserklärung festgelegte Vertragsstrafe zahlen. Wird ein Rechtsanwalt mit der Abmahnung beauftragt, muss der Verletzer dem Urheber diese Abmahnkosten erstatten.

Der Urheber kann seine Ansprüche gegen denjenigen durchsetzen, der unmittelbar gehandelt hat. Inhaber von Unternehmen müssen beachten, dass sie für Rechtsverletzungen ihrer Arbeitnehmer oder Beauftragten haften.[84]

Schließlich ist zu berücksichtigen, dass eine Verletzung von Urheberrechten eine Straftat darstellt, die mit einer Freiheitsstrafe von bis zu 3 Jahren oder mit Geldstrafe geahndet wird.[85]

4.3 Nutzung von Personenfotos

Medien sind ohne Bilder undenkbar. Es wurde bereits erläutert, dass Fotos urheberrechtlich geschützt sind. Ohne Zustimmung des Fotografen als Urheber dürfen seine Bilder also nicht genutzt werden. Nachfolgend geht es nun um die Rechte derjenigen, die auf veröffentlichten Fotos abgebildet sind. Es soll erörtert werden, unter welchen Voraussetzungen Fotos, auf denen Personen abgebildet sind, veröffentlicht werden dürfen.

Voraussetzungen für die Veröffentlichung

Unter welchen Voraussetzungen Personenfotos veröffentlicht werden dürfen, ist nach dem Recht am eigenen Bild zu beurteilen. Das *Recht am eigenen Bild* ist ein besonderes Persönlichkeitsrecht. Es schützt den Einzelnen, selbst über seine visuelle Erscheinung zu bestimmen.[86]

---

84 § 99 UrhG.

85 §§ 106 ff. UrhG.

86 Vgl. Dreier/Schulz (2013), Vor § 22 KUG Rn. 1.

✱ Gut zu wissen!

Bildnisse, auf denen der Abgebildete erkennbar ist, dürfen nur mit seiner Einwilligung veröffentlicht und verbreitet werden.[87]

Der Begriff *Bildnis* ist in dieser Definition weit zu verstehen: Es kommt dabei nicht auf die Beschaffenheit des Verbreitungsmediums an. Es sind daher bildliche Darstellungen in Printmedien, in elektronischer Form und auf Gegenständen aller Art erfasst.[88] Bildnisse sind nicht nur Fotos und Filmaufnahmen, sondern alle Abbildungsformen, wie zeichnerische Darstellungen aller Art, Karikaturen und Fotomontagen.[89]

Der Abgebildete muss auf dem Bild *erkennbar* sein. An die Erkennbarkeit werden zum Schutz der abgebildeten Person nur geringe Anforderungen gestellt. Nicht nur Gesichtszüge, auch Statur, Haltung und Frisur können dazu führen, dass das Kriterium der Erkennbarkeit erfüllt ist. Schließlich kann sich das Erkennen des Abgebildeten auch aus dem Kontext, bspw. einem Begleittext, ergeben. Es reicht dabei aus, dass der Abgebildete von seinen Bekannten, wie Nachbarn oder Kollegen, erkannt werden kann.[90] Um eine Anonymisierung des Abgebildeten zu gewährleisten, sind daher auch Augenbalken oder Verpixelung des Gesichts nur in wenigen Fällen ausreichend.[91] Bei Eingriffen in die Intimsphäre, wie z. B. Abbildungen des nackten Körpers, ist außerdem keine Er-

---

87 § 22 KUG.

88 Vgl. Wanckel (2012), Rn. 121.

89 Vgl. Wanckel (2012), Rn. 122.

90 Vgl. Wandtke/Bullinger (2014), § 22 Rn. 6.

91 Vgl. Wanckel (2012), Rn. 128.

kennbarkeit der Gesamtperson durch die Darstellung notwendig.[92]

Erforderlich ist schließlich eine *Einwilligung* des Abgebildeten in die Veröffentlichung oder Verbreitung des Bildes, wofür jedoch keine feste Form vorgeschrieben ist. Die Einwilligung kann entweder ausdrücklich oder auch stillschweigend erteilt werden. Eine solche stillschweigende Einwilligung liegt oft dann vor, wenn der Fotografierte bewusst in die Kamera lächelt oder vor ihr posiert. Allerdings muss ihm Zweck, Art und Umfang der geplanten Veröffentlichung bekannt sein.[93]

✱ Gut zu wissen!

Wer sein Foto in einem sozialen Netzwerk einstellt, willigt stillschweigend darin ein, dass dieses Foto von einer Personensuchmaschine verwendet wird.[94]

Wer lediglich duldet, dass ein Dritter ihn fotografiert, erklärt damit jedoch noch nicht stillschweigend seine Einwilligung in die Veröffentlichung dieser Fotos. Eine Einwilligung gilt aber im Zweifel als erteilt, wenn der Abgebildete Geld für die Abbildung erhalten hat.[95]

✱ Gut zu wissen!

Der Bildverwerter hat die Beweislast für die Erteilung und den Umfang einer Einwilligung.

---

92 Vgl. Wanckel (2012), Rn. 126.

93 Vgl. Wanckel, Foto- und Bildrecht Rn. 136.

94 Vgl. Fechner (2014), S. 73.

95 § 22 S. 2 KUG.

Wer also ein Foto veröffentlichen oder verbreiten möchte, muss nachweisen, dass der Abgebildete tatsächlich mit der konkreten Art und Weise der Veröffentlichung einverstanden ist.[96] Bildverwerter müssen somit strenge Sorgfaltspflichten beachten. Dabei ist es auch irrelevant, woher die Bilder stammen. Insbesondere kann der Bildverwerter nicht darauf vertrauen, dass eine Einwilligung vorliegt, nur weil er die Fotos von einer Bildagentur oder von einem Berufsfotografen bezogen hat.[97]

Beim Umgang mit Fotos, die zu *gravierenden Persönlichkeitsverletzungen* führen können, ist besondere Sorgfalt zu beachten. Es handelt sich insbesondere um folgende Fallgruppen:

- Nacktfotos und Fotos im erotischen Kontext.
- Personenfotos in der kommerziellen Werbung.
- Personenfotos in der Werbung für politische oder weltanschauliche Ziele.
- Personenfotos, die zu einer Demütigung, Bloßstellung, grundlosen Anprangerung oder Vorverurteilung des Abgebildeten führen können.

Ausnahmen vom Erfordernis der Einwilligung

Ausnahmsweise ist eine Veröffentlichung von Personenfotos auch ohne Einwilligung des Abgebildeten zulässig. Es handelt sich dabei um folgende Ausnahmen:[98]

- Bildnisse aus dem Bereich der Zeitgeschichte;
- Bilder, auf denen die Personen nur als Beiwerk neben einer Landschaft oder sonstigen Örtlichkeit erscheinen;

---

96 Vgl. Wanckel (2012), Rn. 146.

97 Vgl. Wanckel (2012), Rn. 149.

98 § 23 KUG.

- Bilder von Versammlungen, Aufzügen und ähnlichen Vorgängen, an denen die dargestellten Personen teilgenommen haben;
- Bildnisse, die nicht auf Bestellung angefertigt sind, sofern die Verbreitung oder Schaustellung einem höheren Interesse der Kunst dient.[99]

✱ Gut zu wissen!

Bei der Prüfung, ob eine der genannten Fallgruppen und somit eine Ausnahme vorliegt, muss immer geprüft werden, ob berechtigte Interessen des Abgebildeten verletzt werden, wenn das Bild veröffentlicht wird.

Eine Bildveröffentlichung ohne Einwilligung des Abgebildeten ist zunächst dann zulässig, wenn sie ein *Ereignis von zeitgeschichtlicher Bedeutung* betrifft. Der Begriff der Zeitgeschichte richtet sich dabei nach dem Informationsbedürfnis der Öffentlichkeit. Ein solches kann an politischen Angelegenheiten, an Straftaten, aber auch an sportlichen oder künstlerischen Angelegenheiten bestehen. Dabei werden nicht nur Vorgänge historisch-politischer Bedeutung erfasst, sondern alle Fragen von allgemeinem gesellschaftlichem Interesse.[100] Allein die Bekanntheit des Abgebildeten rechtfertigt jedoch noch keine Veröffentlichung. Es muss vielmehr eine Interessenabwägung stattfinden zwischen dem Informationsinteresse der Öffentlichkeit einerseits und dem Interesse des Abgebildeten an dem Schutz seiner Privatsphäre andererseits.[101] Je geringer der Informationswert für die Allgemeinheit ist, um-

---

99 Diese Fallgruppe hat in der Praxis jedoch nahezu keine Bedeutung (vgl. Dreier/Schulz (2013), UrhG, § 23 KUG Rn. 43).

100 Vgl. Fechner (2014), S. 76.

101 BVerfG, NJW 2008, 1793.

so stärker ist das Persönlichkeitsrecht des Abgebildeten. So ist das allgemeine Unterhaltungsinteresse der Öffentlichkeit allein nicht ausreichend.

Eine Person ist dann unbeachtliches *Beiwerk* auf einem Foto, wenn die Person auf dem Bild weggelassen werden kann, ohne dass sich die Aussage und der Charakter des Bildes verändern würden.[102]

Beachtung der Interessen des Abgebildeten

Auch wenn ein Ausnahmetatbestand eine Bildveröffentlichung ohne Einwilligung erlauben würde, können berechtigte Interessen des Abgebildeten entgegenstehen. Es ist an dieser Stelle folglich nochmals eine Interessenabwägung zwischen dem Informationsinteresse der Öffentlichkeit einerseits und dem Persönlichkeitsrecht des Abgebildeten andererseits vorzunehmen.

In folgenden Fällen kann das *berechtigte Interesse des Abgebildeten*[103] einer Veröffentlichung entgegenstehen:

- Nutzung zu kommerziellen Zwecken, insbesondere Werbung;
- Eingriff in die Privatsphäre (Paparazzi-Aufnahmen);
- Eingriff in die Intimsphäre (Nacktaufnahmen, sexueller Kontext);
- Aufnahmen, die zu einer groben Herabsetzung, Zurschaustellung, Verächtlichmachung oder unzumutbarer Anprangerung führen;
- Aufnahmen, die zur Personengefährdung führen können;
- Aufnahmen aus einer Verfolgungs- oder Belagerungssituation.

---

102 Vgl. Wanckel (2012), Rn. 205.

103 Vgl. § 23 Absatz 2 KUG; Wanckel (2012), Rn. 214 ff.

✱ Gut zu wissen!

Vor der Veröffentlichung von Personenfotos sollte folgendes Prüfschema angewandt werden:

❶ Liegt ein Bildnis vor (Erkennbarkeit)?

❷ Liegt die Einwilligung des Abgebildeten vor?

❸ Liegt eine gesetzliche Ausnahme vor?

- Bildnis aus dem Bereich Zeitgeschichte
- Person ist nur Beiwerk neben Landschaft
- Bild von einer Versammlung
- Bild dient dem Interesse der Kunst

❹ Verletzt die Verbreitung berechtigte Interessen des Abgebildeten?

- kommerzieller Zweck
- Verletzung der Privat- oder Intimsphäre
- Herabsetzen, Zurschaustellen, Verächtlichmachen, Anprangern
- Belagerung, Observation

5 Vermarktung und Recht

Planvolles Marketing ist eine wichtige Voraussetzung für unternehmerischen Erfolg. Hart umkämpfte Märkte lassen auch die Werbung im Multimedia-Bereich immer aggressiver werden. Neue Spielarten von Werbemöglichkeiten bringen zudem rechtliche Unsicherheiten mit sich. Insbesondere der Social-Media-Bereich ist für einen gelungenen Marketingmix kaum noch wegzudenken, da potenzielle Kunden gezielt erreicht werden können und eine große Reichweite gegeben ist. Nachfolgend sollen daher die rechtlichen Rahmenbedingungen, unter denen Werbung zulässig ist, geklärt werden. Dabei wird auch auf irreführende Werbung sowie unzumutbare Belästigung, besonders im Bereich des Direktmarketing, eingegangen.

5.1 Grundsätze der zulässigen Werbung

Ob eine Werbung zulässig ist, richtet sich nach dem Gesetz gegen den unlauteren Wettbewerb (UWG). Es dient dem Schutz der Mitbewerber, der Verbraucher sowie der sonstigen Marktteilnehmer vor unlauteren geschäftlichen Handlungen. Darüber hinaus soll es zusätzlich das Interesse der Allgemeinheit an einem unverfälschten Wettbewerb sicherstellen.[104]

Ausgangspunkt jeder Prüfung in diesem rechtlichen Rahmen ist die sog. geschäftliche Handlung.[105]

*** Gut zu wissen!**

Geschäftliche Handlung ist jedes Verhalten einer Person zugunsten des eigenen oder eines fremden Unternehmens, bei oder nach einem Geschäftsabschluss, das mit der Förderung des Absatzes oder des Bezugs von Waren oder Dienstleistungen oder mit dem Abschluss oder der Durchführung eines Vertrags über Waren oder Dienstleistungen objektiv zusammenhängt.

Kurz gesagt, liegt bereits bei jeder Werbemaßnahme eine geschäftliche Handlung vor.[106]

*** Gut zu wissen!**

Unlautere geschäftliche Handlungen sind unzulässig, wenn sie geeignet sind, die Interessen von Mitbewerbern, Verbrauchern oder sonstigen Marktteilnehmern spürbar zu beeinträchtigen.

Das Gesetz nennt zahlreiche Beispiele, wann eine geschäftliche Handlung unlauter ist. Ein besonderes Gewicht kommt dabei dem Verbraucherschutz zu.

---

104 vgl. § 1 UWG.

105 § 2 UWG.

106 § 3 Abs. 1 UWG.

✱ Gut zu wissen!

In einem Anhang zum UWG, der sog. *Schwarzen Liste*, sind 30 absolute Verbote benannt. So ist z. B. als Information getarnte Werbung unzulässig.

Neben dieser Schwarzen Liste gibt es eine Vielzahl weiterer Beispiele für unlautere geschäftliche Handlungen. Nicht erlaubt ist z. B.:

- Das Beeinträchtigen der Entscheidungsfreiheit von Verbrauchern durch aggressive geschäftliche Handlungen wie z. B. Belästigung oder unzulässige Beeinflussung;[107]
- die Verschleierung von Werbung (sog. Schleichwerbung)[108]; es gilt der Grundsatz zur Trennung von Werbung und redaktionellem Teil in Medien;
- das Herabsetzen und Verunglimpfen von Mitbewerbern;[109]
- der Verstoß gegen andere gesetzliche Vorschriften, wenn der Werbende sich dadurch einen Wettbewerbsvorteil verschafft.[110]

✱ Gut zu wissen!

Wer z. B. in einem Onlineshop die Preise der angegebenen Produkte nicht vollständig und wahrheitsgemäß angibt und deshalb gegen die Preisangabenverordnung verstößt, begeht zugleich einen Wettbewerbsverstoß.

107 § 4 a Abs. 1 UWG.

108 § 5 a Abs. 6 UWG.

109 § 4 Nr. 1 UWG.

110 § 3 a UWG.

5.2 Irreführende Werbung

Irreführende Werbung ist unlauter und somit unzulässig.[111] Der Verbraucher soll damit vor inhaltlich falschen Werbeaussagen geschützt werden. Es gilt:

✱ Gut zu wissen!

Eine Werbung ist irreführend, wenn sie unwahre Angaben über ein Produkt oder eine Dienstleistung enthält oder über bestimmte Umstände täuscht.

Um zu verstehen, welche Darstellungen in der Werbung erlaubt sind und wann etwas irreführend sein könnte, hilft eine Betrachtung der nachfolgenden Punkte, die dabei stets wahr sein müssen:

- wesentliche Merkmale der Ware, wie Verfügbarkeit, Art, Ausführung, Vorteile, Risiken, Zusammensetzung, Zubehör, Verfahren oder Zeitpunkt der Herstellung, Verwendungsmöglichkeit;
- Anlass des Verkaufs wie das Vorhandensein eines besonderen Preisvorteils, der Preis oder die Art und Weise, in der er berechnet wird, oder die Bedingungen, unter denen die Ware geliefert oder die Dienstleistung erbracht wird;
- die Person, Eigenschaften oder Rechte des Unternehmers, wie Identität, Vermögen, Befähigung, Status, Zulassung, Mitgliedschaften;
- Rechte des Verbrauchers, insbesondere solche aufgrund von Garantieversprechen, oder Gewährleistungsrechte bei Leistungsstörungen.

---

111 § 5 UWG.

Ob eine Werbung irreführend ist, richtet sich nach dem sog. *Verbraucherleitbild.* Dies bedeutet, dass die Werbung stets aus der Sicht eines durchschnittlich informierten, situationsadäquat aufmerksamen und verständigen Durchschnittsverbrauchers zu beurteilen ist.[112]

✱ Gut zu wissen!

Eine irreführende und damit unzulässige Werbung liegt z. B. vor, wenn mit falschen Testergebnissen der Stiftung Warentest geworben wird. Unzulässig ist es auch, mit einer Alleinstellung zu werben, bspw. mit „Wir beliefern unsere Kunden am schnellsten", „Wir sind besser als unser Mitbewerber Müller". Solche Aussagen sind nur dann zulässig, wenn sie objektiv nachprüfbar und richtig sind.[113] Ebenfalls irreführend ist die Werbung mit Selbstverständlichkeiten. So liegt ein Wettbewerbsverstoß vor, wenn in einem Onlineshop plakativ damit geworben wird, dass die Ware innerhalb von 14 Tagen zurückgegeben werden kann. Denn dieses Recht muss für die meisten Käufe ohnehin jedem Verbraucher gesetzlich zugestanden werden.

5.3 Direktmarketing und unzumutbare Belästigung

Gerade soziale Netzwerke bieten Unternehmen neue Möglichkeiten, potenzielle Kunden gezielt anzusprechen. Profilinformationen des Nutzers ermöglichen dem Unternehmer, seine Zielgruppe besser zu identifizieren und seine Werbung

---

112 Vgl. Boesche (2011), Rn. 15.

113 Vgl. Köhler/Bornkamm (2014), UWG § 5 Rn. 2.136 ff.

mit einer internen Nachricht über eine Social-Media-Plattform zielgerichtet zu platzieren. Dass unverlangte E-Mail-Werbung, sog. Spam-E-Mails, unzulässig sind, dürfte mittlerweile allgemein bekannt sein. Nachfolgend soll ein ähnlicher Sachverhalt geklärt werden. Es wird erläutert, unter welchen Voraussetzungen Werbenachrichten in sozialen Netzwerken erlaubt sind.

Wer einen Marktteilnehmer in unzumutbarer Weise belästigt, handelt unlauter.[114] Eine *unzumutbare Belästigung* liegt bei einer Werbung vor, wenn erkennbar ist, dass der Empfänger diese Werbung nicht wünscht.[115]

✱ Gut zu wissen!

Eine Werbung unter Verwendung elektronischer Post ist ohne Einwilligung des Adressaten eine unzumutbare Belästigung und damit unzulässig.[116]

Daraus folgt, dass Werbung mit elektronischer Post, wie z. B. E-Mail, nur dann verschickt werden darf, wenn eine ausdrückliche Einwilligung des Adressaten vorliegt. Als *elektronische Post* gelten jedoch nicht nur E-Mails, sondern auch SMS, MMS und alle Nachrichten über soziale Netzwerke.

> Demzufolge dürfen Werbenachrichten über soziale Netzwerke ebenfalls nur verschickt werden, wenn der Empfänger zuvor ausdrücklich in den Erhalt der Werbung eingewilligt hat.

Ebenso unzulässig ist die Werbung mit einer Nachricht, bei der die Identität des Absenders, in dessen Auftrag die Nach-

---

114 § 7 UWG.

115 § 7 Abs. 1 S. 2 UWG.

116 § 7 Abs. 2 Nr. 3 UWG.

richt übermittelt wird, verschleiert oder verheimlicht wird, oder bei der keine gültige Adresse vorhanden ist, an die der Empfänger eine Aufforderung zur Einstellung solcher Post richten kann.[117]

Da der werbende Unternehmer im Streitfall beweisen muss, dass eine Einwilligung des Empfängers vorliegt, sollte er die erteilte Einwilligung dokumentieren. Für den Versand von Werbe-E-Mails ist das sog. *Double-Opt-In-Verfahren* zu empfehlen. Trägt z. B. der Empfänger seine E-Mail-Adresse in eine Liste ein, um einen Newsletter zu erhalten, muss dieser Eintrag aktiv bestätigt werden. Dafür erhält der Empfänger an die von ihm angegebene E-Mail-Adresse einen sog. Bestätigungslink geschickt. Der Newsletter-Versand wird erst und nur dann aktiviert, wenn der Bestätigungslink von dem zuvor eingetragenen E-Mail-Account angeklickt wird.[118]

* Gut zu wissen!

Ausnahmsweise ist die Werbung mit elektronischer Post auch ohne Einwilligung des Adressaten zulässig. Dafür müssen folgende Voraussetzungen vorliegen:

❶ Der Unternehmer erhielt die elektronische Postadresse von dem Kunden im Zusammenhang mit dem Verkauf einer Ware oder Dienstleistung.

❷ Der Unternehmer verwendet die Adresse zur Direktwerbung für eigene ähnliche Waren oder Dienstleistungen.

❸ Der Kunde hat der Verwendung der Adresse nicht widersprochen.

---

117 § 7 Abs. 2 Nr. 4 UWG.

118 BGH v. 10.02.2011, Az. I ZR 164/09.

❹ Der Kunde wird bei Erhebung der Adresse und bei jeder Verwendung klar und deutlich darauf hingewiesen, dass er der Verwendung jederzeit widersprechen kann.[119]

Die oben genannten Grundsätze zum Direktmarketing gelten auch für das sog. Empfehlungsmarketing. Viele Onlineshops und andere Plattformen bieten dafür ihren Kunden die sog. *Tell-a-friend-Funktion* an. Damit können Kunden ihren Freunden und Bekannten ein konkretes Produkt oder ein Angebot empfehlen. Der Kunde gibt dazu die E-Mail-Adresse seines Freundes auf der Internetseite ein, meist kann noch eine persönliche Botschaft ergänzt werden. Der Seitenbetreiber sendet dann die Empfehlung an den angegebenen Empfänger. Diese Form der Werbung ist jedoch nicht anders zu behandeln als andere Werbung mit elektronischer Post. Folglich muss eine ausdrückliche Einwilligung vorliegen. Der Bundesgerichtshof[120] hat ausdrücklich entschieden, dass diese Form der Werbung *unzulässig* ist, wenn keine Einwilligung des Empfängers vorliegt.

---

119 § 7 Abs. 3 UWG.

120 BGH v. 12.09.2013, Az. I ZR 208/13.

6 Social Media

Der Einsatz von Social-Media-Instrumenten gehört mittlerweile zu fast jedem Marketingkonzept. Für Social Media gilt wie für den Medienbereich insgesamt: Es gibt keinen rechtsfreien Raum, auch wenn Profile und Inhalte schnell erstellt und wieder gelöscht werden können, Nutzer direkt und weniger förmlich angesprochen werden.

Es gelten prinzipiell die gleichen Grundsätze wie allgemein im Medienrecht. Nachfolgend sollen einige Aspekte aufgezeigt werden, die im Social-Media-Bereich besonders praxisrelevant sind. So soll zum einen der Frage nachgegangen werden, welche Möglichkeiten es gibt, wenn der gewünschte Account-Name von einem Dritten blockiert wird. Im Anschluss daran wird die Frage beantwortet, ob bei einem gewerblichen Social-Media-Auftritt bestimmte Pflichtangaben erforderlich sind und wie diese erfüllt werden können. Als nächstes werden die rechtlichen Rahmenbedingungen für Werbeaktionen unter Verwendung von WhatsApp, Twitter und Facebook erklärt werden. Im Anschluss daran soll aufgezeigt werden, welche inhaltlichen Grenzen der Meinungsfreiheit gesetzt werden. Da Bewertungen durch Kunden ein immer wichtigeres Marketingmittel für Unternehmen werden, soll die Frage beantwortet werden, ob ungerechtfertigte negative Kritik in Bewertungsportalen hinzunehmen ist. Immer wieder wird die Frage gestellt, inwieweit der Inhaber eines Social-Media-Kanals auch für fremde Inhalte haftet. Darauf aufbauend werden auch arbeitsrechtliche Bezüge bei der Nutzung sozialer Netzwerke behandelt.

6.1 Erster Schritt: Wahl des Account- oder Profilnamens

Möchten sich Unternehmen in sozialen Netzwerken präsentieren, wählen sie für ihren Account- oder Profilnamen, z. B. bei Twitter oder Pinterest, meist ihren Unternehmensnamen oder die Markenbezeichnung der von ihnen angebotenen Produkte. An dieser Stelle taucht oft das Problem auf, dass der gewünschte Accountname bereits von einem Dritten verwendet wird.

Account-Grabbing

Wird der gewünschte Account- oder Profilname von einem Dritten nur aus dem Grund reserviert, um ein anderes Unternehmen zu behindern oder den Namen gegen Zahlung eines möglichst hohen Betrages zu verkaufen, spricht man von einem sog. *Account-Grabbing*.

- Ist der Account-Name als *Marke* geschützt, also insbesondere bei einem nationalen oder internationalen Markenamt registriert, hat der Markeninhaber gegen den Grabber einen Unterlassungsanspruch. Der Grabber darf den Account-Namen also nicht mehr nutzen. Voraussetzung ist aber eine Verwendung im geschäftlichen Verkehr. Wird die Marke von dem Grabber ausschließlich zu privaten Zwecken genutzt, hilft an dieser Stelle das Markenrecht nicht weiter.

- Daneben kommen Ansprüche aus dem *Namensrecht*[121] in Betracht. Das Namensrecht schützt sowohl Privatpersonen als auch Unternehmen davor, dass ihr Name von Dritten unerlaubt verwendet wird. Voraussetzung ist aber, dass für den angesprochenen Nutzerkreis eine sog. Zuordnungsverwirrung besteht. Es muss also die Gefahr bestehen, dass der Account-Name des Grabbers mit einem Produkt oder einem Unternehmen in Verbindung gebracht wird, obwohl diese Verbindung tatsächlich nicht besteht. Nicht erforderlich ist eine Nutzung im geschäftlichen Verkehr. Das Namensrecht gibt also auch bei einer rein privaten Nutzung einen Anspruch auf Unterlassung.
- Hat der Grabber den *gleichen Namen*, besteht nur in Ausnahmefällen ein Anspruch auf Freigabe des Accounts. Denn stehen sich zwei gleiche Namen gegenüber, gewinnt grundsätzlich derjenige, der den Account zuerst registriert hat.
- Wird der Name im geschäftlichen Verkehr benutzt, kommen auch Ansprüche aus dem *Wettbewerbsrecht* in Betracht. Denn wird der Account-Name allein deshalb registriert, damit ein Mitbewerber „sein“ Kennzeichen nicht verwenden kann, liegt eine Behinderung des Wettbewerbs vor.

---

121 § 12 BGB

✱ Gut zu wissen!

Oft ist es schwierig, die Identität des Grabbers herauszufinden. In diesem Fall sollte der Plattformbetreiber, wie z. B. Facebook, über die Rechtsverletzung informiert werden. Bleibt dieser untätig, kann man auch direkt gegen den Anbieter vorgehen. Die meisten Plattformbetreiber bieten Mechanismen an, über die Rechtsverletzungen gemeldet werden können.

Bei der Planung von Social-Media-Aktivitäten sollten Unternehmen perspektivisch vorgehen. Accounts, die mittelfristig für entsprechende Marketingmaßnahmen interessant werden könnten, sollten deshalb frühzeitig gesichert werden. So können etwaige Auseinandersetzungen von vornherein vermieden werden.

6.2 Wichtige Pflichtangabe: das Impressum

Unternehmensprofile in sozialen Netzwerken müssen, genau wie eine Internetseite, ein sog. Impressum enthalten. Denn jeder, der geschäftsmäßig einen Onlineauftritt unterhält, muss bestimmte *Pflichtangaben* mitteilen. Dabei handelt es sich im Wesentlichen um folgende Angaben:[122]

- **Name**
  Familienname, Vorname, vollständiger Firmenname
- **Anschrift**
- bei juristischen Personen: **Angabe der Rechtsform**
  z. B. AG, GmbH, KG, OHG, GbR
- **Vertretungsberechtigter**
  z. B. Geschäftsführer bei einer GmbH

---

122 § 5 TMG.

- **E-Mail-Adresse**
- Angabe eines weiteren elektronischen oder nicht-elektronischen **Kommunikationsmittels**
  z. B. Telefonnummer
- Eintrag in ein **Register** mit Registernummer
  z. B. Handelsregister, Vereinsregister, Partnerschaftsregister
- soweit für die unternehmerische Tätigkeit eine behördliche Zulassung notwendig ist: **Angabe der zuständigen Aufsichtsbehörde**
  z. B. Makler, Bauträger, Versicherungsunternehmen, Transportgewerbe
- bei reglementierten Berufen **weitere Pflichtangaben**
  z. B. bei Ärzten, Architekten, Ingenieuren, Rechtsanwälten
- soweit vorhanden: **Umsatzsteuer-Identifikationsnummer**

Diese Angaben müssen leicht erkennbar, unmittelbar erreichbar und ständig verfügbar sein. *Leicht erkennbar* bedeutet, dass diese Angaben ohne langes Suchen unter einer eindeutigen Bezeichnung schnell zu finden ist. Als Bezeichnungen empfehlen sich die Wörter „Impressum" oder „Kontakt". *Unmittelbar erreichbar* verlangt, dass das Impressum maximal zwei Klicks entfernt ist[123]. *Ständig verfügbar* erfordert eine permanente Abrufbarkeit.

✱ Gut zu wissen!

Bei jedem Social-Media-Auftritt eines Unternehmens muss ein Impressum angegeben werden.

Ob dies auch bei einem Personenprofil in sozialen Netzwerken wie Xing oder LinkedIn gilt, wird derzeit von den Ge-

123 BGH v. 20.07.2006, Az. I ZR 228/03

richten unterschiedlich beurteilt[124]. Um Abmahnungen zu vermeiden sollte jedenfalls bei Xing- und LinkedIn-Profilen mit einem eindeutigen geschäftsmäßigen Bezug ein Impressum angegeben werden.

Auch ein Impressum in einem Social-Media-Auftritt muss leicht erkennbar, unmittelbar erreichbar und ständig verfügbar sein. Deshalb reicht es bei einer geschäftlichen Facebook-Seite nicht aus, auf der Unterseite „Info“ das Impressum anzugeben oder darauf zu verlinken[125]. Nach Ansicht des Gerichts erwarte ein durchschnittlich informierter Nutzer ein Impressum vielmehr unter Angaben wie „Impressum“ oder „Kontakt“.

6.3 Werbung mittels Direct Messaging

Der Mehrwert sozialer Netzwerke liegt u. a. darin, andere Nutzer direkt und v. a. zielorientiert ansprechen zu können. Unternehmen sollten jedoch nicht der Versuchung unterliegen, ohne Weiteres Social-Media-Plattformen zum Versenden ihrer Werbebotschaften zu verwenden. Denn im Social-Media-Bereich gelten die gleichen Grundsätze zum Direktmarketing und zu unzumutbarer Belästigung[126] wie bei anderer Werbung auch. Daraus folgt, dass für das Versenden von Werbenachrichten über Facebook, Twitter, Xing & Co. der Empfänger vorher eingewilligt haben muss. Ansonsten handelt es sich um unzulässigen Spam.

---

124 OLG Stuttgart v. 20.11.2014, Az. 2 U 95/14, LG München I v. 03.06.2014, Az. 33 O 4149/14

125 OLG Düsseldorf v. 13.08.2013, Az. I-20 U 75/13

126 vgl. Kapitel 5.3

✱ Gut zu wissen!

Für eine Einwilligung reicht es nicht aus, dass der Empfänger

- Facebook-Fan des werbenden Unternehmens ist,
- einem Twitter-Account folgt oder
- zur Kontaktliste des Werbenden gehört.

Das jeweilige Medium darf nur dann zum Versenden von Werbebotschaften verwendet werden, wenn der Empfänger die Werbung über dieses konkrete Medium wünscht. Möchte ein Unternehmen eine Werbekampagne z. B. über WhatsApp starten, muss sich die Einwilligung des Empfängers ausdrücklich auf den Werbekanal „WhatsApp“ beziehen. Die Einwilligung sollte zu Beweiszwecken gespeichert werden. Die einzelne Werbebotschaft muss immer den Hinweis enthalten, wie sich der Nutzer wieder abmelden kann. Beim Versenden des Newsletters mittels WhatsApp ist darauf zu achten, die Nachricht nicht mittels Gruppenchat zu versenden, da in diesem Fall die Empfänger die Telefonnummern, Benutzernamen und ggf. die Profilfotos der anderen Nutzer einsehen können. Deshalb sollte der Versand über eine sog. Broadcast-Liste erfolgen.

Doch selbst wenn der Empfänger eine ausreichende Einwilligung zur Werbung mittels WhatsApp erteilt hat, bleiben noch Fragen offen: Die Nutzungsbedingungen von WhatsApp untersagen nämlich ausdrücklich eine Nutzung des Messaging Dienstes für kommerzielle Zwecke. Ob eine Werbung mittels WhatsApp trotz Einwilligung unzulässig ist, ist bislang gerichtlich noch nicht entschieden. Auch bleibt abzuwarten, ob sich die Nutzungsbedingungen im Hinblick auf die zunehmende Nutzung zu Werbezwecken ändern werden.

6.4 Social-Media-Marketing

Die scheinbar endlosen Möglichkeiten des Web 2.0 sind längst in der Werbeindustrie angekommen. Ob Produktempfehlungen durch Influencer über Instagram, der eigene Mitarbeiter als Markenbotschafter bei YouTube oder das zielgerichtete Erhöhen von *Likes* durch die Teilnahme an Gewinnspielen – der Fantasie, Social Communities für die Unternehmenspräsentation zu nutzen, sind keine Grenzen gesetzt. Hier gilt es, aus der Sicht des Wettbewerbsrechts den zulässigen Rahmen abzustecken, um soziale Medien bestmöglich zu Marketingzwecken zu nutzen.

Schleichwerbung

Im Social-Media-Bereich gibt es unzählige Möglichkeiten, Werbung zu platzieren, ohne dass sie vom Nutzer sofort als Werbung wahrgenommen wird. Werbung an sich ist ungeliebt. Deshalb versuchen Unternehmen, durch Originalität oder individuelle Ansprache des potenziellen Kunden Aufmerksamkeit zu erregen. Werbung ist dann besonders glaubhaft, wenn sie den Anschein erweckt, objektiv zu sein. Die Versuchung ist folglich groß, dass der eigentliche Werbecharakter in den Hintergrund tritt.

Schleichwerbung ist nach dem Wettbewerbsrecht verboten.[127] Dabei macht es keinen Unterschied, über welches Medium Werbung verbreitet wird: In der Zeitung, im Fernsehen, im Rundfunk und im Internet – der Nutzer muss stets erkennen können, ob es sich um Werbung oder redaktionellen Inhalt handelt. Von Schleichwerbung spricht man dann, wenn das äußere Erscheinungsbild einer geschäftlichen Handlung so gestaltet wird, dass die Marktteilnehmer den geschäftlichen Charakter nicht klar und eindeutig erkennen.

---

[127] § 5a Abs. 6 UWG

Lädt ein Unternehmen auf seiner geschäftlichen Facebook-Seite ein Werbevideo hoch, muss das Video nicht als Werbung gekennzeichnet werden. Denn der durchschnittlich aufgeklärte User erkennt den Werbecharakter, sodass kein zusätzlicher Hinweis erforderlich ist.

✱ Gut zu wissen!

Werbung, die für den Nutzer als solche nicht erkennbar ist, ist verboten.

Es gilt das sog. Trennungsverbot, wonach redaktionelle Inhalte und Werbung klar getrennt sein müssen.[128]

So ist es z. B. unzulässig, wenn auf der geschäftlichen Facebook-Seite eines Unternehmens ein angeblicher Kunde postet, wie zufrieden er doch mit dem Unternehmen ist, der Post tatsächlich aber von dem Unternehmen selbst stammt.[129] Gleiches gilt, wenn ein Link von einer redaktionell gestalteten Seite auf eine Werbeseite verweist und dies für den Nutzer nicht erkennbar ist.[130] Das Verbot der Schleichwerbung wird auch dann relevant, wenn sich Unternehmen für ihre Werbekampagne sog. Influencer bedienen. Beim *Influencer Marketing* soll die Reichweite von Meinungsführern ausgenutzt werden, um das eigene Produkt bestmöglich zu platzieren. Denn Produktbewertungen durch andere Nutzer gewinnen für die Kaufentscheidung von Kunden immer mehr an Bedeutung. Als Influencer attraktiv ist in erster Linie, wer viele Fans oder Follower in den sozialen Medien hat, da über diese Personen eine große Anzahl von Nutzern erreicht werden kann. Wird bspw. über Instagram

---

128 §§ 3 Abs. 3 Nr. 11, 5a Abs. 6 UWG

129 LG Hamburg v. 24.04.2012, Az. 312 O 715/11

130 OLG Düsseldorf v. 30.12.11, I-20 U 171/11

von einem Prominenten vermeintlich neutral ein Produkt empfohlen, handelt es sich um unerlaubte Schleichwerbung, wenn dieser Prominente für die Empfehlung tatsächlich einen wirtschaftlichen Vorteil erhält. Richtig wäre es, den Post mit „Anzeige“ oder „Werbung“ zu kennzeichnen. Die Bezeichnung „sponsored by“ dürfte nach derzeitiger Rechtsprechung nicht ausreichen.[131]

Ähnlich verhält es sich bei Produkttests durch *Blogger*: Nutzer dürfen grundsätzlich davon ausgehen, dass Beiträge von Bloggern neutral sind. Erhält der Blogger für seinen Beitrag über ein Produkt vom Unternehmen einen wirtschaftlichen Vorteil, handelt es sich ebenfalls um Schleichwerbung, sofern der Beitrag nicht als Werbung gekennzeichnet ist.

Virales Marketing

Virales Marketing zeichnet sich gerade dadurch aus, dass der Werbecharakter bewusst in den Hintergrund tritt oder sogar ganz verschleiert wird. Die Werbemaßnahme soll vielmehr aufgrund ihrer besonderen Originalität, die beim Nutzer Emotionen hervorruft, Aufmerksamkeit erregen. Ziel der Unternehmen ist es, mit ihrer Werbebotschaft möglichst viele Nutzer zu erreichen, die ihrerseits motiviert werden sollen, die Werbung selbst weiterzuverbreiten. So soll ein viraler Effekt entstehen – eine rasante Verbreitung, ähnlich wie bei einem Virus.

---

[131] LG München I v. 31.07.2015, Az. 4 HK O 21172/14

Beispiel

Ein Beispiel hierfür ist der Werbefilm „Heimkommen" der Supermarktkette EDEKA, der sich 2015 innerhalb kürzester Zeit rasant in den sozialen Medien verbreitete und enorme Klickraten verzeichnen konnte. In dem Film, der zur Vorweihnachtszeit erschien, sitzt ein alter Mann Jahr für Jahr zu Weihnachten einsam zu Hause, da seine Familie keine Zeit hat, ihn zu besuchen. Er greift zu einem Trick und verschickt seine eigene Todesanzeige, sodass sich die Familie zusammenfindet und doch noch Weihnachten zusammen verbringt.

Ist bei solchen viralen Werbevideos für einen durchschnittlich informierten und aufmerksamen Nutzer der Werbecharakter nicht erkennbar, ist ein besonderer Hinweis notwendig.

Testimonials

Eine weitere Art der Werbung ist es, sog. Testimonials einzusetzen. Das Unternehmen wirbt dabei nicht selbst, sondern Dritte werden als eine Art Fürsprecher eingesetzt, um so die Werbung möglichst glaubhaft erscheinen zu lassen. Einerseits können dies Prominente oder Social-Media-Stars sein, die als Markenbotschafter auftreten. Andererseits können dies auch Kunden sein, die etwas Positives über das Produkt posten. Auch hier ist wieder das Verbot der Schleichwerbung zu beachten: Ist aus dem konkreten Post nicht erkennbar, dass es sich um bezahlte Werbung handelt und erhält die Person einen wirtschaftlichen Vorteil für die Werbung, ist ein besonderer Hinweis notwendig. Es gibt Werbespots, bei denen von vornherein klar ist, dass es sich um bezahlte Werbung handelt.

Beispiel

Wenn Daniela Katzenberger die Produkte von dem Möbeldiscounter Poco bewirbt, ist dem Nutzer klar, dass sie hierfür Geld erhält. In diesem Fall ist ein zusätzlicher Hinweis auf die Werbung nicht erforderlich.

Um eine möglichst hohe Glaubwürdigkeit der Werbung zu transportieren, setzen immer mehr Unternehmen beim Marketing auf den Einsatz der *eigenen Mitarbeiter*. Auf diese Weise soll verdeutlicht werden, dass der Mitarbeiter gern für das Unternehmen arbeitet, hinter diesem steht und sich damit identifiziert. Zudem kann der Mitarbeiter einen Blick hinter die Kulissen gewähren, was die Glaubwürdigkeit der Werbung erhöhen kann. Sollen Mitarbeiter z. B. in einem Werbefilm auftreten, sollte das Unternehmen vorher zwingend die Einwilligung des Mitarbeiters einholen. Wichtig ist, dass sich die Einwilligung auf die konkrete Art der Veröffentlichung bezieht, also bspw. auf ein Imagevideo zur Veröffentlichung auf der Firmenwebsite und bei YouTube. Die Einwilligung eines Arbeitnehmers zur Veröffentlichung seines Bildnisses muss in jedem Fall schriftlich erklärt werden[132], ansonsten ist sie unwirksam. Eine pauschale Formulierung im Arbeitsvertrag reicht nicht aus.[133]

✱ Gut zu wissen!

Will ein Unternehmen Foto- oder Filmaufnahmen eines Mitarbeiters zu Werbezwecken verwenden, braucht es

- eine schriftliche Einwilligung des Mitarbeiters,

---

132 BAG v. 11.12.2014, Az. 8 AZR 1010/13

133 BAG v. 19.02.2015, Az. 8 AZR 1011/13

- die sich auf die konkrete Werbeform und die konkrete Art der Veröffentlichung bezieht und
- nicht auf die Dauer des Arbeitsverhältnisses befristet ist.

Liegt eine solche Einwilligung vor, kann der Arbeitnehmer sie nicht ohne Weiteres widerrufen. Insbesondere endet die Einwilligung nicht automatisch, sobald der Mitarbeiter aus dem Unternehmen ausscheidet. Dies gilt jedenfalls dann, wenn das Bild des Mitarbeiters reinen Illustrationszwecken dient und keinen Bezug zur individuellen Person des Arbeitnehmers hat.[134] Möchte der Mitarbeiter eine zukünftige Veröffentlichung verhindern und seine einmal erteilte Einwilligung widerrufen, ist dies grundsätzlich möglich. Er muss aber plausible Gründe aufführen, aus welchen Gründen die Veröffentlichung seine Persönlichkeitsrechte verletzt. Fehlt ein solcher nachvollziehbarer Grund, darf der Arbeitgeber weiterhin mit dem Video werben.

Gekaufte Fans und Bewertungen

Für immer mehr Kunden sind Bewertungen und Empfehlungen im Netz wichtig, um ihre Kaufentscheidung zu treffen. Deshalb ist für Unternehmen der Reiz groß, die Abgabe von Likes, Bewertungen und Empfehlungen zu steuern.

Kauft ein Unternehmen Facebook-Likes oder -Freunde, stellt dies eine irreführende Werbung dar. Denn durch eine große Anzahl von Likes wird ein hoher Bekanntheitsgrad und eine weitreichende Vernetzung unterstellt, obwohl diese nicht vorliegt.[135]

---

134 BAG v. 19.02.2015, Az. 8 AZR 1011/13

135 LG Stuttgart v. 06.08.2014, Az. 37 O 34/14 KfH

Zulässig ist es jedoch, wenn ein Unternehmen ein Gewinnspiel veranstaltet und Voraussetzung für die Teilnahme ist, dass der User den *Gefällt-mir*-Button drückt.[136] Denn dem durchschnittlichen Facebook-Nutzer ist bekannt, dass es sich bei einem „Like" um eine unverbindliche Gefallensäußerung handelt, die keine konkrete Wertung beinhalten muss. Eine Irreführung der Nutzer liegt also bei einer solchen Werbung nicht vor.

Anders ist es, wenn Voraussetzung für die Teilnahme ein Posting oder positiver Kommentar ist. Da diese positiven Bewertungen quasi „erkauft" sind, muss das Unternehmen darauf hinweisen; andernfalls liegt ein Wettbewerbsverstoß vor.

Ebenso ist es verboten, Kunden einen Anreiz zur Abgabe einer positiven Bewertung zu geben. Wirbt ein Unternehmen damit, dass der Kunde bei seinem nächsten Einkauf einen Rabatt oder einen Gutschein erhält, wenn er das Unternehmen bewertet, liegt ein Verstoß gegen das Wettbewerbsrecht vor.[137] Denn bei so zustande gekommenen Beurteilungen handelt es sich um wettbewerbswidrige bezahlte Empfehlungen. Weist das Unternehmen nicht darauf hin, dass die Bewertungen erkauft sind, werden andere Nutzer in die Irre geführt.[138] Denn der User darf erwarten, dass Bewertungen frei und unbeeinflusst abgegeben werden.

6.5 Rechtssicher Twittern

Auch wenn ein *Tweet* naturgemäß kurz ist, kann er urheberrechtlich geschützt sein, wenn er denn die erforderliche

---

136 LG Hamburg v. 10.01.2013, Az. 327 O 438/11

137 OLG Hamm v. 23.11.2010, Az. I – 4 U 136/10

138 § 5 Abs. 1 Satz 1, Satz 2 Nr. 1 UWG

Schöpfungshöhe erreicht.[139] Auch hier gilt wie bei anderen Medien auch: Es kommt auf den Einzelfall an. Werden lediglich Informationen und Fakten wiedergegeben, liegt bei der Übernahme eines Tweets keine Urheberrechtsverletzung vor. Anders ist es, wenn der Tweet eine individuelle schöpferische Gestaltung aufweist, was z. B. bei einem Gedicht der Fall sein kann. In den meisten Fällen dürfte jedoch aufgrund der Kürze eines Tweets die Schöpfungshöhe nicht erreicht sein.

Mit der *Retweet-Funktion* können Tweets mit Followern geteilt werden. Ist der Tweet von vornherein nicht urheberrechtlich geschützt, ist der Retweet unproblematisch. Sollte ein Tweet doch einmal Urheberrechtsschutz genießen, ist fraglich, ob das Retweeten eine Verletzung des Urheberrechts darstellt. In sozialen Netzwerken wie Twitter werden Inhalte zum Zweck der Weiterverbreitung bewusst öffentlich zugänglich gemacht. Deshalb ist davon auszugehen, dass Nutzer stillschweigend in die Verbreitung der von ihnen hochgeladenen Inhalte einwilligen.[140]

Beim Twittern von Bildern gelten die allgemeinen Grundsätze zur Veröffentlichung von Personenfotos.[141] Wird also ein Foto getwittert, auf dem eine Person erkennbar ist, muss diese entweder in die Veröffentlichung eingewilligt haben oder es muss eine der gesetzlichen Ausnahmen vorliegen.[142]

Beim Verlinken von Inhalten haftet der Account-Inhaber nach den allgemeinen Grundsätzen. Werden rechtswidrige

---

139 vgl. Kapitel 4.1

140 vgl. Solmecke, Handbuch Multimedia-Recht Teil 21.1 Rn. 29

141 vgl. Kapitel 4.3

142 LG Köln v. 11.01.2012, Az. 28 O 627/11

Inhalte verlinkt, haftet der Account-Inhaber als sog. Störer[143] für den Link.[144]

✱ Gut zu wissen!

Soll Twitter im Unternehmen zu Marketingzwecken genutzt werden, gelten die gleichen Regeln wie für andere Medien auch:

- Impressum ist Pflicht,
- Account-Name verletzt keine fremden Marken oder Namensrechte,
- kein Direktmarketing ohne Einwilligung des Empfängers,
- kein Teilen von Personenfotos ohne Einwilligung des Abgebildeten und
- kein Verlinken zu rechtswidrigen Inhalten.

6.6 Facebook und Datenschutz

Der Streit um den Facebook *Gefällt-mir*-Button ist ein Dauerthema. Verbraucherschützer kritisieren, dass an dieser Stelle der Datenschutz zu kurz kommt. Für Unternehmer besteht nach wie vor Rechtsunsicherheit, da noch nicht abschließend geklärt ist, wie der Like-Button rechtssicher eingesetzt werden kann.

---

[143] vgl. Glossar

[144] LG Frankfurt a. M. v. 20.04.2010, Az. 3-08 O 46/10

Ausgangspunkt: Personenbezogene Daten

Personenbezogene Daten dürfen nur erhoben oder verarbeitet werden, wenn das Gesetz dies erlaubt oder sich der Betroffene damit einverstanden erklärt. Daten haben dann einen Personenbezug, wenn man sie einer konkreten Person zuordnen kann. Mit Hilfe des *Gefällt-mir*-Buttons können Facebook-Nutzer bestimmte Inhalte einer Website mit ihrem Facebook-Profil verlinken. Der Button wird als Plugin auf der Website eingebunden, sodass bereits beim Besuchen der Website ein Datenaustausch mit Facebook stattfindet.[145] Ist der Besucher der Website Facebook-Mitglied und bei Facebook eingeloggt, kann Facebook den Besuch direkt dem Mitglied zuordnen und den User identifizieren, auch wenn der Button nicht geklickt wird.

Aber auch bei Nutzern, die nicht bei Facebook eingeloggt sind oder keinen Facebook-Account besitzen, werden Informationen an Facebook übertragen, wozu wohl auch die IP-Adresse des Nutzers zählt.[146]

Festzuhalten ist somit, dass personenbezogene Daten durch den Like-Button an Facebook übertragen werden. Folglich muss der Nutzer vor dem Besuch der Website in die Übermittlung der Informationen einwilligen; dies ist jedoch kaum machbar.

Rechtssicherer Einsatz von Social Plugins?

Nach Auffassung des „Düsseldorfer Kreises“[147] ist das direkte Einbinden des Like-Buttons in die Website folglich unzulässig. Denn der Facebook-Nutzer hat faktisch keine Kon-

---

[145] Föhlisch/Pilous, MMR 2015, 631

[146] Föhlisch/Pilous, MMR 2015, 631

[147] Zusammenkunft der obersten deutschen Aufsichtsbehörden für den Datenschutz im nicht-öffentlichen Bereich

trolle darüber, welche Daten letztendlich an Facebook übermittelt werden. Doch welche Möglichkeiten haben nun die Unternehmen?

Zunächst müssen Websitenbetreiber in ihrer *Datenschutzerklärung* über die Verwendung von Facebook-Plugins informieren. Diese Information muss zu Beginn des Websitenbesuchs erfolgen, sodass die Datenschutzerklärung auf der Internetseite ständig zum Abruf verfügbar sein sollte.

In der Praxis halfen sich Unternehmen bislang mit der sog. *Zwei-Klick-Lösung.*[148] Dabei wird die Website zunächst nur geladen, wobei Platzhalter die eigentlichen Buttons ersetzen. Bei einem Mauskontakt mit dem Platzhalter, sog. *Mouseover*, wird der Nutzer mithilfe eines Textfeldes datenschutzrechtlich belehrt. Aktiviert der Nutzer dann den Button durch einen ersten Klick, wird der eigentliche Like-Button geladen und mit einem zweiten Klick kann der Nutzer dann die eigentliche Funktion des Buttons, z. B. *gefällt mir*, ausführen.[149] Diese Form genügte jedoch nicht komplett den Anforderungen des Datenschutzes, denn es war unklar, inwieweit überhaupt eine ausreichende Einwilligung des Nutzers eingeholt werden konnte.[150]

Eine bessere Variante, den Datenschutz einzuhalten, ist die sog. *Ein-Klick-Lösung Shariff.*[151] Dabei wird der Kontakt zwischen dem Nutzer und dem sozialen Netzwerk erst dann hergestellt, wenn der Nutzer den Shariff-Button angeklickt hat. Es werden keine Daten des Nutzers, sondern lediglich die Server-Adresse der Website an Facebook übertragen.[152]

---

[148] vgl. c't 20/2011, S. 44

[149] vgl. Solmecke, Handbuch Multimedia-Recht Teil 21.1 Rn. 49

[150] Föhlisch/Pilous, MMR 2015, 631

[151] vgl. c't 26/2014, S. 148

[152] Föhlisch/Pilous, MMR 2015, 631

Das größte Problem bleibt jedoch, eine Einwilligung für die Datenübermittlung und -übertragung zu formulieren, da der Websitenbetreiber nicht abschließend weiß, welche Daten tatsächlich an Facebook übertragen werden.[153]

*** Gut zu wissen!**

Ein rechtssicherer Einsatz von Social Plugins ist derzeit nicht möglich. Wer auf Nummer sicher gehen will, sollte ganz darauf verzichten. Unternehmen, die dennoch Social Plugins verwenden möchten, sollten

- Social Plugins nicht direkt einbinden,
- die sog. Ein-Klick-Lösung nutzen und
- eine korrekte Datenschutzerklärung verwenden.

6.7 Grundlagen und Grenzen der Meinungsfreiheit

Gerade soziale Netzwerke laden zu einer direkten und unverblümten Kommunikation ein. Social Media kennzeichnet es gerade aus, Beiträge anderer nicht nur zu verbreiten, sondern auch zu kommentieren, seine eigene Meinung dazu zu äußern. Die Meinung eines jeden Einzelnen ist gefragt. Es stellt sich daher die Frage, welche inhaltlichen Grenzen der Meinungsäußerung gesetzt werden. Dabei soll vor allem die wichtige Abgrenzung zwischen Meinungsäußerung und Tatsachenbehauptung untersucht werden. Anschließend wird die Frage beantwortet, welche Rechte bei einer Überschreitung von Grenzen verletzt werden können und welche Konsequenzen in diesem Fall drohen.

---

153 Föhlisch/Pilous, MMR 2015, 631

Meinungsfreiheit ist ein Grundrecht, das die freie Entfaltung der Persönlichkeit des Einzelnen ermöglicht und darüber hinaus die geistige Auseinandersetzung zwischen Menschen sicherstellt.[154] Jeder hat das Recht, seine Meinung in Wort, Schrift und Bild frei zu äußern und zu verbreiten und sich aus allgemein zugänglichen Quellen ungehindert zu unterrichten.[155]

> ✱ Gut zu wissen!
>
> Meinungsfreiheit umfasst die Freiheit der Meinungsbildung und der Meinungsäußerung.

Der Begriff der Meinung ist im rechtlichen Kontext weit zu verstehen. Auf den Wert oder Unwert einer Äußerung kommt es dabei nicht an: auch banale oder gleichgültige Äußerungen sind geschützt.[156] Von der Meinungsfreiheit erfasst sind Äußerungen auch dann, wenn sie nicht in herkömmlicher Weise in „Wort, Schrift und Bild" geäußert werden.[157] Von der Meinungsfreiheit umfasst sind auch Satire, Karikaturen und die Werbung.

Meinungsfreiheit wird jedoch nicht grenzenlos gewährt. Beschränkungen ergeben sich etwa aus dem Recht der persönlichen Ehre und dem Schutz der Jugend.

Um konkret festzustellen, ob eine Äußerung vom Grundrecht der Meinungsfreiheit geschützt ist, muss zunächst zwischen Tatsachenbehauptung und Werturteil unterschieden werden.

---

154 Vgl. Fechner (2014), S. 33.

155 Art. 5 Abs. 1 GG.

156 Vgl. Pieroth et al. (2015), Rn. 594.

157 Vgl. Fechner ebd.

✱ Gut zu wissen!

Bei einer *Tatsachenbehauptung* kann objektiv festgestellt werden, ob sie wahr oder falsch ist.

Beispiel: „Der Mann auf dem Foto trägt eine rote Jacke."

Ein *Werturteil* enthält eine nicht beweisbare subjektive Aussage.

Beispiel: „Ich finde, die rote Jacke steht ihm nicht gut."

Unwahre Tatsachenbehauptungen, die sich negativ auf eine andere Person oder ein Unternehmen auswirken können, sind unzulässig und nicht von der Meinungsfreiheit geschützt.

> Wer also über die Produkte seines Mitbewerbers bewusst falsche Aussagen verbreitet, kann sich nicht auf die Meinungsfreiheit berufen. Solche Aussagen sind unzulässig.

Handelt es sich bei der Aussage nicht um eine Tatsachenbehauptung, liegt in der Regel ein Werturteil vor. Werturteile oder Meinungsäußerungen genießen einen weitumfassenden Schutz. Nicht jede überspitzte oder heftige Kritik ist unzulässig. Die Grenze des Zulässigen ist aber dann überschritten, wenn eine Beleidigung oder eine Schmähkritik vorliegt.

- Eine *Beleidigung* ist ein Angriff auf die Ehre einer anderen Person durch die Kundgabe der Missachtung oder Nichtachtung.[158]
- Bei einer *Schmähkritik* geht es nicht mehr um eine sachliche Auseinandersetzung, sondern die Person des anderen

---

158 Vgl. Schönke/Schröder (2014), StGB § 185 Rn. 1.

soll in den Augen der Öffentlichkeit herabgesetzt werden.[159] Dies gilt besonders bei Schimpfwörtern.

*** Gut zu wissen!**

Handelt es sich bei einer Äußerung um

- unwahre Tatsachenbehauptungen oder
- Beleidigungen oder
- Schmähkritik,

so ist sie unzulässig und nicht mehr von der Meinungsfreiheit geschützt.

Werden solche unwahren Tatsachenbehauptungen, Beleidigungen oder wird Schmähkritik verbreitet, wird das Persönlichkeitsrecht des Betroffenen verletzt. Dieser kann sich dagegen wehren. Ihm stehen dabei folgende Ansprüche zu:

- **Unterlassungsanspruch**
  Die Äußerung darf nicht verbreitet werden.
- **Gegendarstellung**
  Der Verletzer muss die Schilderung des Geschädigten wiedergeben.
- **Berichtigung**
  Der Verletzer muss bei einer falschen Tatsachenbehauptung die wahren Tatsachen wiedergeben.
- **Schadensersatz**
  Ausgleich des materiellen und immateriellen Schadens.

---

159 Vgl. Fechner (2014), S. 41.

6.8 Umgang mit Kritik – Bewertungsportale und Kommentare

Immer mehr Kunden machen ihre Kaufentscheidung von Bewertungen in Onlineportalen abhängig. Soziale Netzwerke geben Usern ausreichend Raum, um ihre Erfahrungen mit Produkten und Dienstleistungen von Unternehmen auszutauschen. Für unzählige Lebensbereiche gibt es Bewertungsportale: ob Urlaubsbewertung wie z. B. HolidayCheck, Restaurantkritiken wie Yelp, Bewertung von Lehrern (spickmich) oder Hochschulprofessoren (meinProf), Ärzten (Jameda oder Sanego) oder Arbeitgebern (meinChef oder Kununu). Hinzu kommen zahlreiche branchenübergreifende Bewertungsplattformen. Die Nachfrage steigt fortwährend, weshalb es immer wieder neue Portale gibt. Auch für die bewerteten Unternehmen sind Vergleichsportale sehr wichtig. Einerseits sind positive Bewertungen für Unternehmen praktisch die beste Werbung, die sie erhalten können. Dazu kommt, dass allein die Existenz von Bewertungen zu einem besseren Ranking in den Google Suchergebnissen führt. Doch was ist, wenn die Kritik negativ ausfällt, wenn die abgegebene Bewertung tatsächlich unberechtigt ist oder wenn die Formulierung der Bewertung einen negativen Eindruck entstehen lässt? Können sich die Bewerteten gegen solche Einträge wehren?

Kommunikationsfreiheit als Ausgangspunkt

Allgemein werden Bewertungsportale von der Meinungs- und Kommunikationsfreiheit geschützt, denn sie fördern die Verbreitung von Meinungen, weshalb sie der allgemeinen Meinungsbildung dienen.[160] Bewertungsportale sind daher grundsätzlich zulässig. Man kann nicht allgemein verhindern,

---

[160] BGH v. 23.06.2009, Az. VI ZR 196/08

dass man überhaupt bewertet wird. Auch ist keine Einwilligung des Bewerteten notwendig, um überhaupt in dem Vergleichsportal zu erscheinen. Bewertungsportale müssen also grundsätzlich akzeptiert werden.

Abwehrmöglichkeiten Betroffener

Negative Bewertungen können für Unternehmen ganz gravierende Folgen haben. Da das Teilen von Inhalten in sozialen Netzwerken nur einen Klick erfordert, können sich unliebsame Kommentare wie ein Lauffeuer verbreiten. Erschwerend kommt hinzu, dass abgegebene Bewertungen bei der Google-Suche im Suchindex erscheinen. Sucht ein Kunde nach einem Produkt oder Unternehmen, wird er ohne Weiteres auf die Bewertungen des Unternehmens stoßen. Sind diese negativ, kann dies zu Kundenverlusten und Umsatzeinbußen führen.

Vorab ist festzuhalten, dass sich jeder der Beteiligten auf Grundrechte berufen kann, die sich jeweils gegenüberstehen:

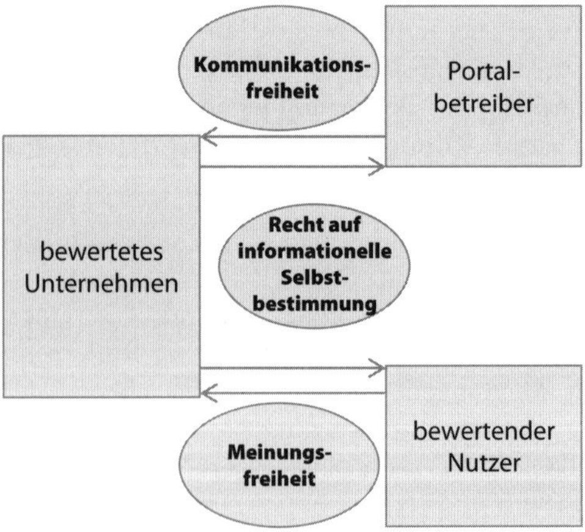

Abbildung 1: Bewertungsportal

Das bewertete Unternehmen oder die bewertete Person kann sich auf das Recht auf informationelle Selbstbestimmung berufen. Danach darf jeder selbst darüber bestimmen, ob, wann und innerhalb welcher Grenzen seine persönlichen Daten in die Öffentlichkeit gebracht werden.[161] Der Nutzer, der die Bewertung abgegeben hat, kann sich auf sein Recht auf freie Meinungsäußerung berufen. Der Portalbetreiber kann sich auf die sog. Kommunikationsfreiheit berufen. Danach ist auch der Kommunikationsprozess als solcher geschützt.[162] Geschützt ist also die Mitteilung fremder Meinungen und Tatsachenbehauptungen.[163]

Möchte ein Unternehmen oder ein Firmeninhaber gegen eine Bewertung vorgehen, gibt es zwei mögliche Adressaten: derjenige, der die Bewertung abgegeben hat, und der Betreiber des Bewertungsportals. Ob ein Anspruch des Betroffenen auf Löschung der Bewertung besteht, richtet sich immer nach dem jeweiligen Einzelfall. Dabei ist der konkrete Inhalt der Kritik entscheidend. Darüber hinaus sind die jeweiligen Interessen der Beteiligten gegeneinander abzuwägen. Grundsätzlich überwiegt das Interesse der Nutzer, sich über Produkte und Unternehmen auszutauschen. Demgegenüber tritt das Recht des bewerteten Unternehmens auf informationelle Selbstbestimmung zurück. Bezieht sich die Bewertung auf die berufliche Tätigkeit, ist die sog. Sozialsphäre betroffen. Diese wird weniger geschützt als die Privat- oder Intimsphäre. Denn die Bewertungen betreffen die berufliche Tätigkeit des Unternehmens, weshalb dieses sich ohnehin darauf einstellen muss, dass es von einer breiteren Öffentlichkeit beobachtet wird und seine Leistungen kritisiert werden.[164] Etwas anderes gilt

---

161 BGH v. 23.09.2014, Az. VI ZR 358/13

162 BGH v. 23.09.2014, Az. VI ZR 358/13

163 BGH v. 23.09.2014, Az. VI ZR 358/13

164 BGH v. 23.09.2014, Az. VI ZR 358/13

jedoch dann, wenn unwahre Tatsachen oder beleidigende Inhalte verbreitet werden. In diesem Fall kann der Betroffene die Löschung des rechtswidrigen Beitrags verlangen.

✱ Gut zu wissen!

Stellt der Betroffene fest, dass in einem Bewertungsportal über ihn

- unwahre Tatsachen oder
- beleidigende Inhalte

verbreitet werden, hat er einen Anspruch darauf, dass dieser Beitrag gelöscht wird. Er sollte daher umgehend den Portalbetreiber nachweisbar über die Rechtsverletzung informieren und zur Löschung auffordern. Bleibt dieser dennoch untätig, kann der Betroffene den Portalbetreiber auf Löschung verklagen.

✱ Beispiel

Ein Ärztebewertungsportal sammelt einerseits selbstständig Daten zu Ärzten, wie z. B. akademischer Grad, Name, Fachrichtung, Praxisanschrift, weitere Kontaktdaten und Sprechzeiten. Andererseits haben Nutzer die Möglichkeit, anonym Ärzte zu bewerten. Ein Arzt verlangt von dem Portalbetreiber die Löschung seiner Daten und der über ihn abgegebenen Bewertungen. Er fühlt sich durch die Plattform in seinem allgemeinen Persönlichkeitsrecht verletzt. Der Bundesgerichtshof[165] hat in diesem Fall keine Verletzung des allgemeinen Persönlichkeitsrechts des Arztes gesehen. Hier überwiegt das Informationsinteresse der Allgemeinheit.

---

165 BGH v. 23.09.2014, Az. VI ZR 358/13

Hinzukommt, dass nicht die Privatsphäre des Arztes betroffen war und die berufliche Tätigkeit des Arztes ohnehin von Dritten wahrgenommen werden kann.

Schutz vor anonymen Bewertungen?

Meistens werden Bewertungen nicht unter dem Klarnamen des Autors, sondern vielmehr anonym abgegeben. Diese Anonymität erhöht das Risiko, dass vermehrt rechtsverletzende Bewertungen abgegeben werden, denn der Verfasser muss gerade keine Konsequenzen fürchten. Für einen Betroffenen ist es daher wichtig, die Identität desjenigen zu erfahren, der die rechtsverletzende Bewertung abgegeben hat, um dann seine Rechte verfolgen zu können. Allerdings umfasst die Meinungsfreiheit auch das Recht, Äußerungen anonym abzugeben. Außerdem ist dem Internet eine anonyme Nutzung gerade immanent.[166] Bei einem Ärztebewertungsportal wird es bspw. für die Nutzer ganz entscheidend sein, anonyme Bewertungen abzugeben, da es meist um sensible Gesundheitsinformationen geht. Wäre die Abgabe einer Bewertung nur unter Offenlegung der Identität möglich, besteht die Gefahr, dass bewertungswillige Patienten von einer Bewertung absehen könnten.[167]

Allerdings ist der Portalbetreiber nicht verpflichtet, einem von einer negativen Bewertung Betroffenen, die Identität des Nutzers mitzuteilen.[168] Denn dafür fehlt es an einer gesetzlichen Grundlage. Im Fall einer anonymen Bewertung ist der Betroffene jedoch nicht rechtlos: Er kann auch in diesem Fall den Portalbetreiber zur Löschung der Bewertung auf-

166 BGH v. 23.09.2014, Az. VI ZR 358/13

167 BGH v. 23.09.2014, Az. VI ZR 358/13

168 BGH v. 01.07.2014, Az. VI ZR 345/13

fordern. Wird der Beitrag nicht gelöscht, kann der Betroffene gegen den Plattformbetreiber klagen.

Löschen von Kommentaren

Negative Kommentare auf dem eigenen Social-Media-Profil wünscht sich niemand. Hier kommt es nicht auf die rechtliche Bewertung an. Denn auf der eigenen Onlinepräsenz darf der Inhaber grundsätzlich selbst entscheiden, welche Inhalte veröffentlicht werden dürfen und welche nicht. Deshalb dürfen Unternehmen unvorteilhafte Kommentare z. B. auf der eigenen Facebook-Seite grundsätzlich löschen. Vorsicht ist jedoch dann geboten, wenn es sehr viele kritische Kommentare gibt, allerdings nur die positiven veröffentlicht werden. Fehlt dann der Hinweis, dass kritische Bemerkungen gelöscht werden, werden die Nutzer in die Irre geführt und es liegt ein Wettbewerbsverstoß vor.[169]

6.9 Haftung für fremde Inhalte?

Social Media dient oft dazu, Inhalte vieler verschiedener Nutzer auszutauschen und zu verbreiten, und ermöglicht den Teilnehmern auf Plattformen miteinander zu kommunizieren. Die Konsequenz dessen ist, dass über das von einem Unternehmen eingesetzte Social-Media-Instrument Inhalte, Bilder, Kommentare etc. von Dritten verbreitet werden, auf die das Unternehmen, welches dieses Social-Media-Instrument unterhält, zunächst keinen Einfluss hat. An dieser Stelle kann eine Vielzahl möglicher Rechtsverletzungen eintreten, dazu gehört bspw. das Hochladen eines urheberrechtlich geschützten Fotos ohne Einwilligung des Fotografen, das Veröffentlichen eines Videos, ohne dass der darin Abgebil-

[169] OLG Düsseldorf v. 19.02.2013, Az. I-20 U 55/12

dete damit einverstanden ist, oder das Schreiben eines Kommentars, der einen anderen Nutzer beleidigt. Der Geschädigte steht häufig vor dem Problem, dass er den Verfasser nicht ausfindig machen kann. Denn nicht selten verwenden Nutzer in Social-Media-Kanälen *Nicknames*, um ihre Identität nicht zu offenbaren. Demgegenüber ist derjenige, der den Social-Media-Kanal unterhält, z. B. der Betreiber einer geschäftlichen Facebook-Seite, über das Impressum leicht herauszufinden. Es stellt sich daher die Frage, ob der Betreiber für die Inhalte, die über seinen Social-Media-Kanal verbreitet werden, haftet, also ob der Verletzte ihm gegenüber Ansprüche durchsetzen kann und wie ggf. der Betreiber dies verhindern kann. Haftet also der Plattformbetreiber für die Inhalte seiner Nutzer?

> * Gut zu wissen!
>
> *Haftung* bedeutet, für etwas einstehen müssen.

Voranzustellen ist, dass sich der Betroffene aussuchen kann, ob er gegen den Nutzer oder den Plattformbetreiber oder sogar gegen beide vorgehen möchte.[170]

> * Gut zu wissen!
>
> Ob der Plattformbetreiber haftet, richtet sich danach, ob es sich um *eigene Inhalte* oder um *fremde Inhalte* handelt.

- *Eigene Inhalte* sind zum einen sämtliche Inhalte, die der Plattformbetreiber selbst eingestellt hat. Zusätzlich gelten als eigene Inhalte aber auch fremde Inhalte, die sich der

170 BGH v. 27.03.2007, Az. VI ZR 101/06.

Plattformbetreiber zu eigen gemacht hat. Ein solches *„Zu-eigen-Machen" fremder Inhalte* liegt bspw. dann vor, wenn fremde Inhalte derart in den eigenen Onlineauftritt eingebunden werden, dass sie für einen Dritten nicht als fremde Inhalte erkennbar sind.[171] Ein „Zu-eigen-Machen" liegt aber auch dann vor, wenn sich der Plattformbetreiber sehr weitgehende Nutzungsrechte an den eingestellten Inhalten einräumen lässt, er nach eigener Angabe die Inhalte vor der Freischaltung kontrolliert und die Inhalte auf der Plattform nicht ohne Weiteres als fremde Inhalte erkennbar sind.

> ✱ Beispiel
> Der Betreiber einer Plattform, auf der Nutzer Kochrezepte nebst Fotos der Gerichte hochladen können, macht sich diese fremden Inhalte zu eigen, wenn er sich in seinen Nutzungsbedingungen alle Nutzungsrechte an den eingestellten Fotos einräumen lässt, die Rezepte und Fotos vorab sichtet und er die Fotos mit seinem eigenen Logo versieht.[172] Stellt sich nun heraus, dass ein Nutzer rechtswidrig ein Foto eingestellt hat, ohne dass der Fotograf zugestimmt hat, haftet der Plattformbetreiber für diese Urheberrechtsverletzung.

Für eigene Inhalte sowie für Inhalte, die sich der Betreiber zu eigen macht, haftet er komplett. Das heißt, der Rechteinhaber kann von dem Plattformbetreiber verlangen, dass der rechtswidrige Inhalt gelöscht wird. Unter Umständen hat er auch Anspruch auf Schadensersatz.

- *Fremde Inhalte* stammen ersichtlich nicht vom Plattformbetreiber. Für fremde Inhalte gilt ein sog. *Haftungsprivileg*: Solange der Plattformbetreiber keine Kenntnis von der

---

171 Vgl. Hoeren (2015), S. 462 f.

172 BGH v. 12. 11.2009, Az. I ZR 166/07.

Rechtsverletzung hat, haftet er auch nicht. Eine Pflicht zum Prüfen und Überwachen der nutzergenerierten Inhalte gibt es in den meisten Fällen nicht. Erst ab *Kenntnis* von dem rechtswidrigen Inhalt muss der Plattformbetreiber tätig werden und den Inhalt unverzüglich löschen. Unverzüglich heißt: schnell handeln und nicht zögern. Bleibt der Seiteninhaber dennoch untätig, hat der Verletzte einen Anspruch auf Unterlassung, den er mit einer Abmahnung oder Klage durchsetzen kann. Wichtig ist, dass der Hinweis so konkret gefasst ist, dass der Rechtsverstoß auf der Grundlage der Behauptungen des Betroffenen unschwer – das heißt ohne eingehende rechtliche und tatsächliche Überprüfung – bejaht werden kann.[173] Wie umfangreich der Plattformbetreiber den Sachverhalt prüfen muss, hängt immer vom Einzelfall ab.

- Für den Plattformbetreiber bestehen bei fremden Inhalten folgende *Handlungspflichten*: Zunächst muss der Plattformbetreiber die Beanstandung des Betroffenen an den verantwortlichen Urheber des Beitrags zur Stellungnahme weiterleiten. Gibt dieser innerhalb einer angemessenen Frist keine Stellungnahme ab, ist davon auszugehen, dass die Beschwerde berechtigt ist und der Beitrag muss gelöscht werden. Kann der Verfasser des Beitrages auf den Vorwurf jedoch konkret erwidern, sodass dies zu berechtigten Zweifeln führt, muss der Seitenbetreiber dies dem Betroffenen mitteilen. Dabei muss er von dem Betroffenen Nachweise verlangen, aus denen sich die Rechtsverletzung ergibt. Gibt der Betroffene daraufhin keine Stellungnahme ab oder legt er keine Nachweise vor, ist die Prüfung damit beendet und der Beitrag muss nicht gelöscht werden. Gibt aber der Betroffene eine Stellungnahme ab oder legt er entsprechende Nachweise vor und

---

173 BGH v. 25.10.2011, Az. VI ZR 93/10

ergibt sich daraus eine Rechtsverletzung, muss der Eintrag gelöscht werden.[174]

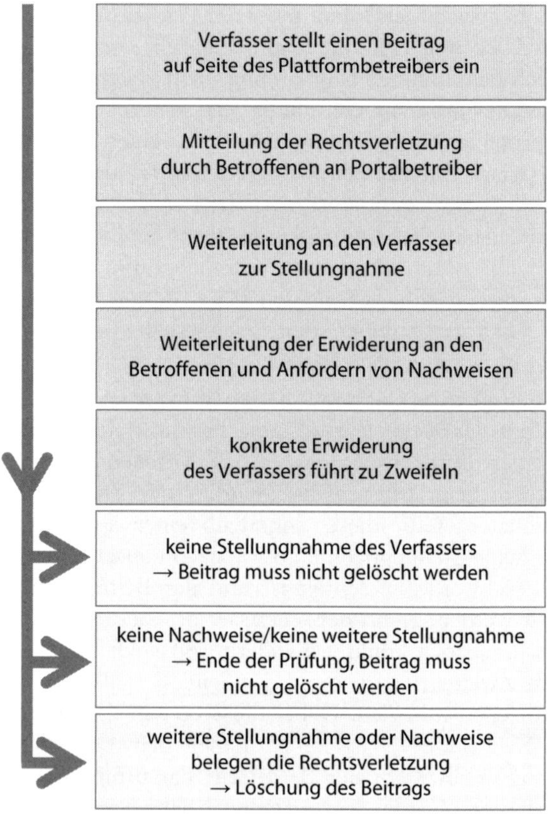

Abbildung 2:
Handlungspflichten des Portalbetreibers bei fremden Inhalten

174 BGH v. 25.10.2011, Az. VI ZR 93/10

✱ Gut zu wissen!

Aus der Sicht des Verletzten ist es daher wichtig, den Betreiber der Plattform nachweisbar, z. B. per Einschreiben, über die Rechtsverletzung zu informieren. Kann der Verletzte die Kenntnis des Betreibers nämlich nicht nachweisen, kann sein Unterlassungsanspruch scheitern.

- Ausnahmsweise kann bei *fremden Inhalten* der Seitenbetreiber verpflichtet sein, die Inhalte Dritter zu *prüfen* oder zu überwachen. Einerseits muss der Betreiber verhindern, dass sich kerngleiche Rechtsverletzungen wiederholen. Er muss sicherstellen, dass Rechtsverletzungen mit einem ähnlichen Inhalt und ähnlicher Wirkung nicht wieder stattfinden. Dabei muss er alles ihm Mögliche und zumutbare tun, wie z. B. Filter einsetzen. Andererseits besteht eine Prüf- und Überwachungsplicht, wenn mögliche Rechtsverletzungen provoziert werden. Das ist v. a. dann der Fall, wenn ein Austausch über brisante politische oder gesellschaftliche Themen stattfinden soll. Die Beiträge der Nutzer müssen daher regelmäßig kontrolliert und ggf. gelöscht werden.

✱ Gut zu wissen!

Aus Sicht des Unternehmers, der z. B. eine Facebook-Seite betreibt, sollten unternehmensintern Handlungsanweisungen getroffen werden, welcher verantwortliche Mitarbeiter welche konkrete Aufgabe zu erfüllen hat. Im Ernstfall spart dies Zeit und verhindert Fehler.

- Soziale Netzwerke leben vom Teilen und Verlinken von Inhalten. Deshalb stellt sich die Frage, ob eine *Haftung für*

Links besteht; genauer gesagt: Besteht eine Haftung für den Inhalt der verlinkten Seite? Bei Links gilt derselbe Grundsatz wie bei fremden Inhalten: Wer sich den Inhalt der verlinkten Seite zu eigen macht, haftet für den Inhalt der verlinkten Seite. Wer einen Link mit einem zustimmenden Kommentar versieht, haftet wie für eigenen Inhalt. Wer bspw. als Twitter-Nutzer zu einem Link verweist, der zu wettbewerbswidrigen Inhalten führt, und diesen Link mit „sehr interessant" kommentiert, macht sich den rechtswidrigen Inhalt zu eigen.[175] Dabei macht es keinen Unterschied, ob der Link zu Inhalten führt, die gegen das Wettbewerbs-, Urheber-, Marken- oder Persönlichkeitsrecht verstoßen. Nicht nur ein positiver Kommentar führt zu einem „Zu-eigen-Machen", sondern auch eine neutrale Bemerkung wie „schaut euch das mal an".[176] Wer bewusst auf rechtswidrige Inhalte verlinkt oder auf Inhalte, die offensichtlich rechtswidrig sind, haftet ebenfalls. Auch wenn sich *Disclaimer* nach wie vor hartnäckig im Internet halten: Sollte der Seiteninhaber ausnahmsweise doch haften, hilft ihm ein pauschaler Haftungsausschluss in Form eines Disclaimers nicht weiter. Disclaimer sind in fast allen Fällen überflüssig; in manchen Fällen können sie für den Verwender sogar gefährlich werden. Größtenteils ist ein Disclaimer nicht erforderlich.

---

175 vgl. Solmecke, Handbuch Multimedia-Recht Teil 21.1 Rn. 93

176 vgl. Solmecke, Handbuch Multimedia-Recht Teil 21.1 Rn. 93

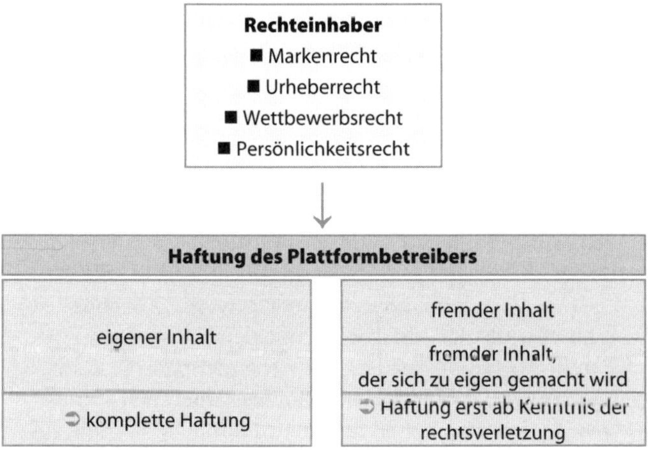

Abbildung 3:
Haftung des Plattformbetreibers

6.10 Verwaltung des Social-Media-Auftritts durch Dritte

Um neben dem Tagesgeschäft einen geschäftlichen Social-Media-Auftritt zu pflegen, bedienen sich Unternehmen oft Dritter. Das können zum einen eigene Mitarbeiter sein, die explizit mit Marketingaufgaben betraut werden, oder es werden die Leistungen von Externen eingekauft, wie z. B. einer Werbeagentur.

Einsatz von Mitarbeitern – Haftung

Kommunizieren Mitarbeiter im Auftrag ihres Arbeitgebers über Social-Media-Kanäle, kann die Grenze zwischen Arbeit und Freizeit leicht verschwimmen. Denn Arbeitnehmer, die mit Social Media beauftragt sind, kommunizieren oft in ihrer Freizeit für das Unternehmen. Zugleich können sie sich z. B.

auf ihrer privaten Facebook-Seite für das Unternehmen äußern. Im Fokus steht deshalb die Frage, wer im Zweifel für die geposteten Inhalte haftet.

✱ Gut zu wissen!

❶ Ausgangspunkt ist die Frage, ob der Post im Rahmen der beruflichen Tätigkeit des Mitarbeiters erfolgte. Dabei ist weniger entscheidend, ob innerhalb oder außerhalb der Arbeitszeit gehandelt wurde. Wichtig ist vielmehr, ob der Mitarbeiter mit dem Posten eine *Arbeitsaufgabe* erfüllt hat. Hat der Arbeitnehmer die Aufgabe, den Social-Media-Kanal des Unternehmens zu betreuen, und reagiert er auf einen Kommentar während seiner Freizeit, hat er dennoch im Rahmen seines Arbeitsauftrages gehandelt. In diesen Fällen *haftet* das Unternehmen.

❷ Anders ist es, wenn ein Mitarbeiter, der nicht mit Social Media beauftragt ist, z. B. ein urheberrechtswidriges Bild einstellt. Er handelt nicht im Rahmen seiner Arbeitstätigkeit, weshalb der Arbeitgeber in diesem Fall *nicht haftet.*

❸ Hat der Unternehmer den Social-Media-Beauftragten angewiesen, nur während der Arbeitszeit den Social-Media-Auftritt zu betreuen, gibt es *keine Haftung* für Beiträge, die in der Freizeit verfasst werden.

❹ Wurden die Mitarbeiter ganz *allgemein* aufgefordert, den Social-Media-Auftritt zu unterstützen, *haftet* das Unternehmen für alle Beiträge der Mitarbeiter. Ob diese während oder außerhalb der Arbeitszeit verfasst wurden, spielt dabei keine Rolle.

❺ Hat ein Mitarbeiter außerhalb seines Arbeitsauftrages über Social Media kommuniziert *haftet* der Unternehmer grundsätzlich *nicht.*

1. Ausnahme

Der Arbeitgeber haftet für Mitarbeiter, die außerhalb ihres Arbeitsauftrages tätig geworden sind, in folgenden Fällen: Der Mitarbeiter wurde nicht sorgfältig ausgewählt, überwacht oder instruiert.

2. Ausnahme

Der Mitarbeiter handelt außerhalb seines Arbeitsauftrages, aber für Dritte entsteht der Eindruck, er handelt im Namen des Unternehmens. Voraussetzung für die Haftung des Arbeitgebers ist, dass er davon wusste und es duldete.

3. Ausnahme

Das Unternehmen muss auch dann für Rechtsverletzungen seines Mitarbeiters einstehen, wenn es keine Kenntnis hatte, aber von der Handlung des Mitarbeiters hätte profitieren können.

✱ Beispiel

Der Verkäufer eines Autohauses warb auf seiner privaten Facebook-Seite für ein Auto, welches das Unternehmen zum Kauf anbot. Zur Kontaktaufnahme war die Telefonnummer des Autohauses angegeben. In dem Post fehlten bestimmte Pflichtangaben, weshalb ein Wettbewerbsverstoß vorlag. Den Post konnten nur Freunde oder Bekannte des Verkaufers sehen. Der Arbeitgeber hatte keine Kenntnis von dem Post und ihn auch nicht veranlasst.

Das Gericht[177] hatte eine Haftung des Autohauses bejaht. Denn nach dem Gesetz[178] haften Unternehmensinhaber auch für Wettbewerbsverstöße ihrer Mitarbeiter. Damit soll verhindert werden, dass sich Unternehmen bei Wettbewerbsverstößen hinter ihren Mitarbeitern „verstecken" können. Entscheidend ist, ob der handelnde Mitarbeiter in den „Betriebsorganismus" eingegliedert ist. Weiterhin muss ein möglicher Erfolg der Handlung auch dem Unternehmen zugutekommen. Schließlich ist entscheidend, ob das Unternehmen auf das Handeln des Mitarbeiters hätte Einfluss nehmen können. Diese Voraussetzungen hatte das Gericht in dem Fall bejaht und eine Haftung des Unternehmens angenommen.

✱ Gut zu wissen!

Um das Haftungsrisiko durch ungewollte Äußerungen von Mitarbeitern in sozialen Netzwerken zu minimieren, sollten interne Richtlinien[179] zum Umgang mit Social Media festgelegt werden.

Einsatz von Mitarbeitern – wem gehört der Account?

Soziale Netzwerke werden von Mitarbeitern auch dazu verwendet, um beruflich davon zu profitieren, z. B. um Kunden zu akquirieren oder das eigene Unternehmen zu bewerben. Die Grenzen zwischen rein privater und rein beruflicher Nutzung verschwinden immer mehr. So können z. B. Mitarbeiter eines Unternehmens ihr privates Xing-Profil zur Ak-

---

177 LG Freiburg v. 04.11.2013, Az. 12 O 83/13

178 § 8 Abs. 2 UWG

179 vgl. Kapitel 6.11

quise oder Verwaltung und Pflege von Kunden nutzen. Verlässt der Mitarbeiter das Unternehmen, können folgende Probleme auftreten: Darf der Arbeitnehmer die Kundendaten mitnehmen? Muss er die Daten dem Arbeitnehmer übergeben? Wer ist Eigentümer des Accounts?

Nach allgemeinen arbeitsrechtlichen Regeln muss der Arbeitnehmer bei Beendigung des Arbeitsverhältnisses, die ihm zur Verfügung gestellten Arbeitsmittel herausgeben. Hierzu gehören auch Geschäftsunterlagen und vom Arbeitnehmer selbst erstellte Kundendaten oder eine Kundendatei.[180]

Um dies auf Social-Media-Acounts zu übertragen, muss zunächst geklärt werden, wem der Account gehört, dem Arbeitnehmer oder dem Unternehmer. Für einen *privaten Account* spricht, wenn der Arbeitnehmer zur Verknüpfung seine private E-Mail-Adresse hinterlegt hat, er den Account selbst bezahlt und ihn überwiegend privat nutzt. Endet das Arbeitsverhältnis, muss er den Account nicht an den Arbeitgeber herausgeben, er darf ihn selbst weiterhin nutzen. Allerdings muss er dem Arbeitgeber Informationen herausgeben, die für eine Fortführung der Kundenbeziehung erforderlich sind, also die Kontaktdaten der Kunden.[181] Um einen *dienstlichen Account* handelt es sich, wenn die Anschrift und die E-Mail-Adresse des Unternehmens angegeben ist und der Arbeitgeber die Kosten des Accounts bezahlt. Weiterhin ist entscheidend, dass der Mitarbeiter den Account überwiegend geschäftlich nutzt, also v. a. auch während der Arbeitszeit. In diesem Fall muss der Arbeitnehmer dem Unternehmen den Account herausgeben und ihm insbesondere die Login-Daten mitteilen. Befinden sich auf dem Account aber auch

180 LAG Mainz v. 27.10.2011, Az. 10 Sa 77/11

181 vgl. Solmecke, Handbuch Multimedia-Recht Teil 21.1 Rn. 79

private Kontaktdaten, darf der Arbeitnehmer sie zuvor löschen.[182]

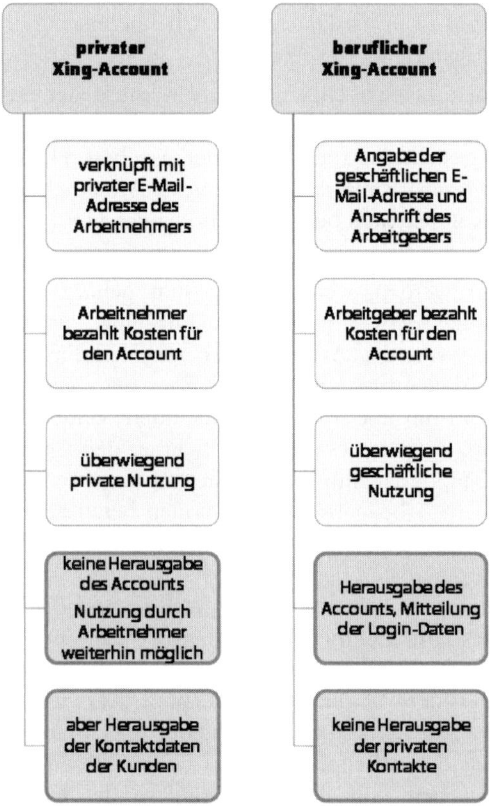

Abbildung 3: Wer ist Eigentümer des Xing-Accounts?

[182] vgl. Solmecke, Handbuch Multimedia-Recht Teil 21.1 Rn. 80

Einsatz einer PR-Agentur

Unternehmen gehen immer mehr dazu über, eine PR-Agentur mit der Verwaltung ihrer Social-Media-Auftritte zu beauftragen. Die Dynamik sozialer Netzwerke erfordert einerseits schnelle Reaktionen auf die Beiträge der User. Andererseits sollten die geposteten Inhalte gut ausgewählt sein, um das gewünschte Ziel zu erreichen. Um sich im Dschungel der Social-Media-Möglichkeiten nicht zu verirren, werden Unternehmen um eine Strategie im Social-Media-Marketing kaum noch umhin kommen, sodass sich der Einsatz einer professionellen Agentur empfiehlt. Wird tatsächlich eine Agentur mit Social-Media-Dienstleistungen beauftragt, wirft das die Frage auf, wer für die eingestellten Inhalte haftet. Weiterhin ist noch zu klären, ob der Agentur im Falle einer Rechtsverletzung Konsequenzen drohen.

- Wichtigster *Ausgangspunkt* ist: *der Unternehmer haftet* grundsätzlich für alle Inhalte, die auf seinem Social-Media-Kanal veröffentlicht werden. Dabei spielt es keine Rolle, ob er die Inhalte eingekauft hat oder von einem Dritten extra hat erstellen lassen. Auch ist es irrelevant, ob er die Inhalte selbst eingestellt oder einen Dritten – wie z. B. eine Agentur – damit beauftragt hat. Folglich muss zunächst der Unternehmer die Konsequenzen tragen, wenn Blogbeiträge, Tweets oder Bilder aus einem Stockbilderarchiv die Rechte anderer verletzen. Da es nicht auf ein Verschulden des Unternehmers ankommt, haftet er auch, wenn er keine Kenntnis hatte. Der Seiten-Betreiber darf sich nicht allein auf die Zusicherung der Agentur verlassen, dass ausreichende Nutzungsrechte, z. B. für ein Foto, eingeholt wurden. Er muss sich vielmehr von der Agentur entsprechende Nachweise vorlegen lassen.[183] Tut er dies nicht, hat er seine Sorgfaltspflichten verletzt. Als Konsequenz haftet der Sei-

---

183 OLG München v. 15.01.2015, Az. 25 W 2554/14

tenbetreiber, sofern mit dem eingestellten Foto Rechte von Dritten verletzt werden.

✱ Gut zu wissen!

Sollen über eine Agentur Bilder zur Nutzung eingekauft werden, muss sich der Unternehmer Nachweise über den Erwerb der Rechte vorlegen lassen, sonst haftet er. Die Zusicherung der Agentur reicht nicht aus.

- Prinzipiell *haftet die Agentur* dafür, dass die von ihr vorgeschlagene *Werbemaßnahme rechtmäßig* ist und dadurch keine Rechte von Dritten verletzt werden.[184] Wird die Agentur bspw. mit der Erstellung von Werbemailings beauftragt, muss sie auch prüfen, ob die erstellte Werbung rechtlich zulässig ist.[185] Denn vereinbart ist die Erstellung einer Werbemaßnahme. Verstößt diese jedoch gegen das Wettbewerbsrecht, kann der Unternehmer sie tatsächlich nicht nutzen und der Vertrag wurde somit nicht erfüllt. Hat die Agentur Zweifel, ob die Werbung zulässig ist, muss sie den Auftraggeber darauf hinweisen. Im Gegensatz dazu würde die Agentur nicht haften, wenn die Vertragspartner diese Pflicht im Vertrag ausgeschlossen hätten.[186]

✱ Gut zu wissen!

Sowohl aus Sicht des Unternehmens als auch aus Sicht der Agentur ist es wichtig, genau zu regeln, welche konkreten Leistungen erbracht werden sollen.

---

184 KG v. 04.02.2011, Az. 19 U 109/10

185 OLG Düsseldorf v. 13.03.2003, Az. 5 U 39/02

186 OLG Düsseldorf v. 13.03.2003, Az. 5 U 39/02

- *Ausnahmsweise* kann eine Haftung der Agentur auch ohne Ausschluss im Vertrag entfallen, wenn sich dies aus den Umständen ergibt. Denn wie umfangreich eine Agentur die rechtliche Zulässigkeit einer Werbemaßnahme prüfen muss, richtet sich danach, was ihr im Einzelfall zumutbar ist. *Kriterien* für die Zumutbarkeit sind ❶ der Aufwand der rechtlichen Prüfung und ❷ die Höhe des vereinbarten Honorars. So ist eine Agentur bei einer umfangreichen Werbekampagne, die sehr gut vergütet wird, auch ohne gesonderte Vereinbarung verpflichtet, die rechtliche Zulässigkeit zu prüfen. Demgegenüber kann der Unternehmer bei eher gering vergüteten Aufträgen nur erwarten, dass die Agentur ihn auf Rechtsverletzungen hinweist, die für sie ohne Weiteres zu erkennen sind.

> ✱ Beispiel
> Eine Werbeagentur erhielt den Auftrag, ein Logo zu entwerfen; vereinbart war dafür eine Vergütung von 770,00 €. In diesem Fall ist die Agentur nicht verpflichtet, zu prüfen, ob das erstellte Logo die Markenrechte von Dritten verletzt. Denn um das festzustellen, wäre eine umfangreiche und kostenintensive Markenrecherche erforderlich gewesen. Eine solche Markenrecherche wäre bei dem vereinbarten Honorar aber offensichtlich nicht kostendeckend gewesen. In diesem Fall war die Agentur noch nicht einmal verpflichtet, das Unternehmen darauf hinzuweisen, dass sie keine Markenrecherche durchgeführt hatte. Deshalb musste die Agentur auch nicht dafür haften, dass das von ihr erstellte Logo die Marke eines Dritten verletzt hatte.[187]

- Hat die Agentur ihre vertraglichen Pflichten verletzt und entsteht dem Unternehmen dadurch ein Schaden, kann

[187] KG v. 04.02.2011, Az. 19 U 109/10

dieses die Agentur in *Regress* nehmen, also von ihr den Ersatz des Schadens verlangen. In Agenturverträgen oder in Allgemeinen Geschäftsbedingungen können Einzelheiten zu den vertraglichen Pflichten oder dem Umfang der vertraglichen Haftung geregelt werden.

✱ Gut zu wissen!

Eine Haftungsvereinbarung zwischen Agentur und Unternehmen schafft für beide Seiten Rechtssicherheit.

6.11 Sicherheit durch Social-Media-Guidelines

Für einen Großteil der Unternehmen ist es mittlerweile selbstverständlich, Regeln zur Nutzung von E-Mail und Internet durch die Mitarbeiter im Unternehmen festzulegen. Hingegen fehlen in den allermeisten Firmen derzeit Regelungen zur Nutzung von Social Media. Dies ist umso erschreckender, da sich die Aktivität von Mitarbeitern über Social-Media-Kanäle direkt für das Unternehmen auswirken kann und schlimmstenfalls sogar zur Haftung für das Handeln des Mitarbeiters führen kann.[188] Um dies zu vermeiden, sollten Unternehmen intern Social-Media-Guidelines einsetzen.

✱ Gut zu wissen!

Social-Media-Guidelines sind Leitlinien oder Verhaltensregeln, die den Mitarbeitern eines Unternehmens erklären, wie sie sich bei der Nutzung von Social Media verhalten sollen und welche Grenzen es gilt einzuhalten.

---

188 vgl. Kapitel 6.10 – Einsatz von Mitarbeitern – Haftung

Sinn und Zweck

Social-Media-Guidelines sollen in erster Linie vor Rechtsverletzungen schützen. Ein großer Teil der Mitarbeiter nutzt ohnehin Social Media, mit steigender Tendenz. Der Einsatz von Social Media im Unternehmensbereich soll mit Leitlinien kontrolliert gesteuert werden. Zudem sollen die Angestellten für Gefahren sensibilisiert werden, welche die Nutzung von Social Media hervorrufen kann. Den Mitarbeitern soll damit ein Rahmen vorgegeben werden, welches Verhalten in Bezug auf soziale Medien erwünscht ist und welches nicht. Das schafft auch innerhalb des Unternehmens Sicherheit und Transparenz für die Mitarbeiter.

Verbindlich oder Empfehlung

Der Arbeitgeber hat die Wahl, ob Social-Media-Guidelines als Bestandteil des Arbeitsvertrages verbindlich gelten sollen oder ob er lediglich einen unverbindlichen Verhaltenshinweis geben möchte.

❶ Um *verbindlicher Bestandteil des Arbeitsvertrages* zu werden, muss zunächst klar und eindeutig erkennbar sein, dass eine Verbindlichkeit besteht. Es muss also einen deutlichen Hinweis darauf geben. Weiterhin dürfen die Regelungen nicht gegen gesetzliche Anforderungen verstoßen, ansonsten sind sie unwirksam. Werden wirksame, verbindliche Social-Media-Guidelines von Arbeitnehmern nicht eingehalten, kann das arbeitsrechtliche Konsequenzen haben, wie Abmahnung oder sogar Kündigung.

❷ Sollen Social-Media-Guidelines lediglich *unverbindliche Verhaltenshinweise* sein, ist der Arbeitgeber bei ihrer Gestaltung etwas flexibler. Der Nachteil ist jedoch, dass Verstoße nicht arbeitsrechtlich sanktioniert werden können.

Inhalt

Die Inhalte von Social-Media-Guidelines orientieren sich am konkreten Bedarf eines jeden Unternehmens. Ausgangspunkt ist dabei zunächst, welche Social-Media-Strategie überhaupt verfolgt wird. Das Unternehmen sollte vorab für sich entscheiden, welche Ziele durch das Nutzen von Social Media erreicht werden sollen, welche Zielgruppe angesprochen werden sollen, welche Unternehmenswerte transportiert werden sollen, wie mit Kunden kommuniziert werden soll usw. Anhand der Antworten auf diese und ähnliche Fragen kann dann der Inhalt der Social-Media-Guidelines festgehalten werden.

Solche Inhalte können sein:

- Zweck der Social-Media-Guideline,
- Hinweis auf die genutzten Social-Media-Plattformen,
- Verbindlichkeit oder reine Handlungsempfehlung,
- Hinweis auf mögliche Rechtsverletzungen, die durch Social Media entstehen,
- Regelung zur Nutzung von Social Media während der Arbeitszeit,
- Hinweise zum privaten Umgang mit Social Media in Bezug auf das Unternehmen,
- Umgang mit Betriebsinterna und vertraulichen Informationen,
- Hinweis, dass keine Marken-, Urheber- und Persönlichkeitsrechte verletzt und Wettbewerbsverstöße begangen werden dürfen,
- Regelungen zum Datenschutz,
- Art der Ansprache der Kunden,
- Umgang mit Kritik,
- Umgang mit Konkurrenten,

- Hinweis zum respektvollem Umgang mit anderen und
- Benennung eines Ansprechpartners.

Betriebsrat nicht vergessen

Sollen Social-Media-Guidelines im Unternehmen eingeführt werden, kann dem Betriebsrat ein Mitbestimmungsrecht zustehen. Der Betriebsrat hat u. a. ein Mitbestimmungsrecht,[189] sofern ❶ Fragen der Ordnung des Betriebs und des Verhaltens der Arbeitnehmer im Betrieb[190] betroffen sind oder es um ❷ die Einführung und Anwendung von technischen Einrichtungen geht, die dazu bestimmt sind, das Verhalten oder die Leistung der Arbeitnehmer zu überwachen.[191]

Ob ein Mitbestimmungsrecht des Betriebsrates besteht, hängt vom konkreten Inhalt der Richtlinie ab. Ein etwaiges Mitbestimmungsrecht muss für jede einzelne Richtlinie geprüft werden.[192] Wird der Betriebsrat trotz Mitbestimmungspflicht nicht beteiligt, führt dies zur Unwirksamkeit der Social-Media-Guidelines. Im Übrigen kann der Betriebsrat sein Mitbestimmungsrecht notfalls mit einer einstweiligen Verfügung durchsetzen.[193]

Werden Social-Media-Guidelines im Unternehmen eingesetzt, kann dies zum einen dazu beitragen, dass Rechte Dritter gar nicht erst verletzt werden. Zum anderen können solche Richtlinien dem Unternehmen helfen, sich selbst von der Haftung zu befreien. Denn sollte dennoch das Verhalten eines Mitarbeiters die Rechte von anderen verletzen, kann der Unternehmer möglicherweise nachweisen, dass der be-

---

189 § 87 BetrVG

190 § 87 Abs. 1 Nr. 1 BetrVG

191 § 87 Abs. 1 Nr. 7 BetrVG

192 BAG v. 22.07.2008, Az. 1 ABR 40/07

193 vgl. Solmecke, Handbuch Multimedia-Recht Teil 21.1 Rn. 82

treffende Mitarbeiter gegen Unternehmensrichtlinien verstoßen hat. Hat der Arbeitgeber seine Pflichten eingehalten, muss er dafür dann nicht einstehen.

Fallstricke in der Praxis: Bildrechte

Ihre Aufgabe ist es, für eine *Werbekampagne* ein Foto zu beschaffen, das eine Frau beim Kaffeetrinken zeigt. Die Werbekampagne soll in erster Linie über die Facebook-Seite des werbenden Unternehmens veröffentlicht werden. Zur Auswahl stehen drei verschiedene Varianten, die sich v.a. durch ihre Herkunft unterscheiden: Ein Foto wurde über die Google-Bildersuche gefunden, es enthält keinen Copyright-Vermerk. Das zweite Foto stammt aus einem sog. Stockbilder-Archiv. Die Lizenzbedingungen gestatten eine rein redaktionelle Nutzung. Das dritte Foto stammt ebenfalls aus einem sog. Stockbilder-Archiv und die Lizenzbedingungen hierzu gestatten eine redaktionelle und kommerzielle Nutzung. Für welches Foto entscheiden Sie sich, begründen Sie Ihre Entscheidung kurz!

➲ Tipp der Expertin | Da Fotos urheberrechtlich geschützt sind, dürfen sie nur mit Einwilligung des Urhebers für kommerzielle Zwecke genutzt werden.

- Bei dem ersten Foto gibt es keinerlei Hinweise, ob der Urheber einer kommerziellen Verwertung des Fotos zugestimmt hat. Allein die Tatsache, dass an dem Foto kein Urhebervermerk angebracht ist bedeutet nicht, dass das Foto frei verwendet werden darf. Da folglich unklar ist, ob eine Einwilligung des Urhebers vorliegt, sollte das Foto keinesfalls verwendet werden.
- Bei dem zweiten Foto gestatten die Lizenzbedingungen ausdrücklich nur eine rein redaktionelle Nutzung. Da Sie das Foto aber gerade für Werbezwecke benötigen, wäre diese Nutzung nicht von den Lizenzbedingungen gedeckt. Mit einer Nutzung zu Werbezwecken würden Sie also gegen den Lizenzvertrag verstoßen, dieses Foto kommt daher ebenfalls nicht in Frage.
- Die Lizenzbedingungen des dritten Fotos gestatten auch eine kommerzielle Nutzung, so dass Sie sich für das dritte Foto entscheiden.

Fallstricke in der Praxis: Facebook im Unternehmen

Sie haben die Aufgabe, die *geschäftliche Facebook-Seite* eines Unternehmens zu betreuen. Ein Nutzer postet einen Beitrag, der auch ein Foto enthält. Daraufhin meldet sich bei Ihnen ein zweiter Nutzer per E-Mail der behauptet, mit dem Posten des Fotos durch Nutzer 1 würden seine Urheberrechte verletzt werden. Sie schauen sich das Foto an, können jedoch nicht beurteilen, ob tatsächlich eine Urheberrechtsverletzung vorliegt. Was tun Sie?

➲ Tipp der Expertin | Sie löschen umgehend den betreffenden Kommentar, der das Foto enthält. Denn sollte tatsächlich das Urheberrecht verletzt sein, haften Sie gegenüber dem Urheber, wenn Sie trotz Kenntnis von der Rechtsverletzung untätig geblieben sind. D. h. der Urheber kann von Ihnen v.a. Unterlassung, Schadensersatz und Ersatz der Abmahnkosten verlangen, wenn Sie trotz Kenntnis den Beitrag nicht gelöscht haben.

Fallstricke in der Praxis: Empfehlungsfunktion bei Amazon & Co.

Sie haben Ihre Produkte auf verschiedenen Onlinemarktplätzen eingestellt, u. a. auch bei Amazon. Neben den *Share-Buttons* zum Teilen des Produktes in sozialen Netzwerken wie Facebook, Twitter oder Instagram befindet sich ein Button zur Empfehlung des Produktes per E-Mail an Freunde oder Bekannte. Womit müssen Sie aufgrund dieser Empfehlungsfunktion rechnen?

➲ Tipp der Expertin | Sie müssen damit rechnen, von Mitbewerbern oder von Verbänden zum Schutz des Wettbewerbs abgemahnt zu werden. Denn bei der Versendung von Empfehlungs-E-Mails ohne entsprechende Einwilligung des Empfängers handelt es sich um unzumutbare Werbung. Dabei spielt es auch keine Rolle, dass Sie selbst den Empfehlungs-Button z. B. bei Amazon nicht entfernen können. Als Händler haften Sie für diesen Wettbewerbsverstoß dennoch. Als Konsequenz drohen Ihnen die Pflicht zur Abgabe einer strafbewehrten Unterlassungserklärung und Zahlung der Abmahnkosten. Sie sollten also vorher kalkulieren, ob sich das Werben auf Amazon im Hinblick auf mögliche Abmahnungen für Sie tatsächlich rechnet.

Fallstricke in der Praxis: Mitarbeiter der Konkurrenz über Xing rekrutieren

Sie suchen für Ihr Unternehmen dringend einen neuen, qualifizierten Mitarbeiter. Über *Xing* finden Sie einen potenziellen Kandidaten, der zurzeit bei Ihrer Konkurrenz beschäftigt ist. Dürfen Sie diese Person über Xing kontaktieren, um ihn für Ihr Unternehmen abzuwerben?

➲ Tipp der Expertin | Grundsätzlich ist es zulässig, Mitarbeiter abzuwerben, da es zum freien Wettbewerb dazu gehört. Es dürfen jedoch keine Begleitumstände hinzukommen, die gegen das Wettbewerbsrecht verstoßen. So ist es nicht erlaubt, Ihre Mitbewerber herabzusetzen oder verächtlich zu machen. Bei Ihrer Kontaktaufnahme sollten Sie also unbedingt auf herabsetzende oder negative Äußerungen über den derzeitigen Arbeitgeber verzichten. Weiterhin ist eine Kontaktaufnahme mittels E-Mail bzw. Nachricht per Xing oder über Telefon nur zulässig, wenn der Empfänger zuvor eingewilligt hat. Hat er also in seinem Profil z. B. angegeben: „Ich suche neue berufliche Herausforderungen“, dürfen Sie ihn getrost per Xing kontaktieren, ansonsten wäre Ihre Nachricht unzulässiger Spam.

Fallstricke in der Praxis: Aktuelle Informationen über WhatsApp

Sie wollen Ihren Kunden die Möglichkeit einräumen, aktuelle Informationen aus Ihrem Unternehmen mittels *WhatsApp* zu erhalten. Wie gehen Sie dabei vor, um rechtlich auf der sicheren Seite zu sein?

➲ Tipp der Expertin | Vorab sollten Sie sich bewusst sein, dass derzeit die Nutzungsbedingungen von WhatsApp eine kommerzielle Nutzung dieses Messenger-Dienstes ausdrücklich nicht gestatten. Momentan ist jedoch noch nicht geklärt, ob Werbebotschaften mittels WhatsApp deshalb per se unzulässig sind. Ein rechtliches Risiko verbleibt allerdings. Sollten Sie dennoch Newsletter über WhatsApp versenden wollen, dürfen Sie diese keinesfalls über einen sog. Gruppenchat versenden, da in diesem Fall allen angemeldeten Nutzern die Daten der jeweils anderen Teilnehmer übermittelt werden. Besser ist es daher, die sog. Broadcast-Funktion zu nutzen. Wichtig ist daneben, dass wie beim Newsletter-Versand per E-Mail, der Empfänger zuvor in den Erhalt der Werbung eingewilligt hat. Dabei muss sich die Einwilligung gerade auf den Erhalt mittels WhatsApp beziehen. Der Empfänger muss dann die Telefonnummer Ihres Unternehmens in seinen Kontakten speichern, um Ihre Nachrichten über die Broadcast-Funktion zu erhalten. Die Anmeldung des Nutzers sollte auf jeden Fall gespeichert werden, damit Sie die Einwilligung im Zweifel nachweisen können. Schließlich müssen Sie die Nutzer bei der Anmeldung und bei jedem verschickten Newsletter darauf hinweisen, dass sie sich jederzeit von dem Newsletter abmelden können.

Checkliste für den rechtssicheren Social-Media-Auftritt

Die nachfolgende Checkliste soll eine Zusammenfassung und Orientierung geben, an welche Punkte Unternehmen bei der Nutzung von Social Media denken müssen.

Sie kann keinen Anspruch auf Vollständigkeit erheben und auch keine anwaltliche Beratung im Einzelfall ersetzen.

- ❒ Mögliche, für das Unternehmen interessante Account-Namen werden rechtzeitig gesichert.
- ❒ Der Account Name verletzt keine fremden Marken- oder Namensrechte.
- ❒ Ein vollständiges Impressum wurde erstellt, das leicht erkennbar, unmittelbar erreichbar und ständig verfügbar ist.

- ❐ Für alle eingestellten Inhalte, wie Texte und Fotos, liegen entsprechende Nutzungsrechte vor.
- ❐ Bei Fotos mit Personen liegt die Einwilligung des Abgebildeten vor.
- ❐ Bei Werbung mittels Direct Messaging liegt die vorherige Einwilligung des Empfängers vor.
- ❐ Werbung muss als solche für den Nutzer erkennbar sein, keine Schleichwerbung.
- ❐ Bei Werbung mit Mitarbeiterfotos liegt eine ausdrückliche, schriftliche und unbefristete Einwilligung vor.
- ❐ Keine gekauften Fans.
- ❐ Keine gekauften Bewertungen.
- ❐ Kein Verlinken zu offensichtlich rechtswidrigen Inhalten.
- ❐ Social Plugins nicht direkt einbinden, sog. Ein-Klick-Lösung verwenden.
- ❐ Korrekte Datenschutzerklärung über Art und Umfang der erhobenen und verwendeten Nutzerdaten.
- ❐ Bei Hinweisen über Rechtsverletzungen unverzüglich die entsprechenden Beiträge löschen.
- ❐ Nur Tatsachen veröffentlichen, wenn diese nachweislich wahr sind.
- ❐ Keine Schmähungen oder Beleidigungen veröffentlichen.
- ❐ Disclaimer nur verwenden, wenn tatsächlich erforderlich.
- ❐ Bei Einschaltung einer PR-Agentur: konkrete Vereinbarung über zu erbringende Leistung und Haftungsumfang.
- ❐ Social-Media-Guidelines verwenden.
- ❐ Werden eigene Inhalte verletzt: Plattformbetreiber nachweisbar darüber informieren.

Die 10 FAQ des Medienrechts

➲ Frage 1 | Kann ich überhaupt Social Media als Marketinginstrument nutzen oder ist das aus rechtlicher Sicht zu unsicher?

Ob ein Unternehmen Social Media zu Marketingzwecken einsetzt, richtet sich zunächst nach der jeweiligen Marketingstrategie, die das Unternehmen verfolgt. Soziale Netzwerke bieten ebenso rechtliche Risiken wie andere Medien auch. Wichtig ist, dass ein Problembewusstsein besteht und man weiß, wie man rechtliche Gefahren vermeiden kann. Werden Social-Media-Maßnahmen rechtlich überprüft, steht ihrem Einsatz nichts im Weg.

➲ Frage 2 | Ist es ausreichend, wenn ich auf meiner geschäftlichen Facebook-Seite einen Link zum Impressum auf meiner Website setze?

Grundsätzlich ist es ausreichend, wenn das Impressum über max. zwei Klicks von der Facebook-Seite erreicht wird. Wichtig ist aber, dass der Link unmissverständlich als „Impressum" oder „Anbieterkennzeichnung" bezeichnet ist. Es reicht keinesfalls aus, wenn Angaben zum Impressum unter der Schaltfläche „Info“ abrufbar sind.

➲ Frage 3 | Auf einem Foto ist kein Copyright-Vermerk. Darf ich es dann verwenden?

Nein. Die Tatsache, dass kein Copyright-Vermerk angebracht ist, bedeutet nicht, dass kein Urheberrecht daran besteht und das Bild frei verwendet werden darf. Denn das Urheberrecht entsteht automatisch mit Erschaffen des Werkes. Das Anbringen eines Copyright-Vermerks ist keine Voraussetzung, damit das Bild geschützt ist. Ein Foto ist immer urheberrechtlich geschützt. Für eine Nutzung muss also zuvor der Urheber zustimmen.

➲ Frage 4 | Ich möchte ein Personenfoto aus einem Stockbilderarchiv für Werbemaßnahmen nutzen, bin mir aber unsicher, ob eine Einwilligung der abgebildeten Person vorliegt. Kann ich das Foto trotzdem verwenden?

Nein. Um Personenfotos zu veröffentlichen, muss stets vorher die Einwilligung des Abgebildeten vorliegen. Etwas anderes gilt nur dann, wenn einer der wenigen gesetzlichen Ausnahmefälle vorliegt. Bestehen auch nur geringste Zweifel, sollte das Foto nicht veröffentlicht werden, um Abmahnungen zu vermeiden.

➲ Frage 5 | Ein Nutzer beschwert sich, dass auf unserer Social-Media-Plattform der Beitrag eines anderen Nutzers sein Persönlichkeitsrecht verletzt. Was soll ich tun?

Der Beitrag sollte unverzüglich gelöscht werden. Unverzüglich heißt in diesem Fall: schnell und ohne zu zögern.

➲ Frage 6 | Kann ich den Facebook-Like-Button verwenden, ohne gegen das Datenschutzrecht zu verstoßen?

Nach derzeitigem Recht leider nein. Wer dennoch nicht auf Social Plugins verzichten will, sollte Social Plugins nicht direkt einbinden, die sog. Ein-Klick-Lösung nutzen und eine korrekte Datenschutzerklärung verwenden.

➲ Frage 7 | Was ist eine Abmahnung?

Wer gegen das Marken-, Wettbewerbs-, Urheber- oder Persönlichkeitsrecht verstößt, riskiert, dass er von dem jeweiligen Rechteinhaber eine Abmahnung erhält. Eine Abmahnung schildert die behauptete Rechtsverletzung, fordert den Adressaten auf, diese Handlung zu unterlassen und droht gerichtliche Schritte an. In den meisten Fällen ist dem Abmahnschreiben eine vorgefertigte Unterlassungserklärung beigefügt. Sie hat das Ziel, den Streit zügig und ohne Einschaltung des Gerichts beizulegen und damit insbesondere die Kosten für ein Gerichtsverfahren zu vermeiden.

➲ Frage 8 | Was ist eine Unterlassungserklärung?

Mit einer Unterlassungserklärung verpflichtet sich der Abgemahnte verbindlich, eine bestimmte Handlung nicht wieder zu begehen. Gleiche Rechtsverletzungen sollen für die Zukunft rechtssicher unterbunden werden. Unterschreibt der Abgemahnte eine Unterlassungserklärung, kommt zwischen ihm und dem Abmahner ein bindender Unterlassungsvertrag zustande. Verstößt der Abgemahnte gegen die Unterlassungserklärung, muss er die in der Unterlassungserklärung festgelegte Vertragsstrafe zahlen.

➲ Frage 9 | Wie reagiere ich, wenn ich eine Abmahnung erhalten habe?

Zunächst sollte die Abmahnung ernst genommen und die oftmals kurz gesetzten Fristen eingehalten werden. Dann ist zu prüfen, ob der Vorwurf der Rechtsverletzung berechtigt ist. Im Zweifel sollte die vorgeworfene Handlung umgehend eingestellt werden.

Ist die Abmahnung berechtigt, sollte eine Unterlassungserklärung abgegeben werden. Ansonsten droht eine einstweilige Verfügung durch das Gericht und es entstehen weitere Kosten. Keinesfalls sollte die beigefügte Unterlassungserklärung ungeprüft unterschrieben werden.

➲ Frage 10 | Darf ich die Social-Media-Nutzung meiner Mitarbeiter auch für die Freizeit regeln?

Wie sich Mitarbeiter in ihrer Freizeit zu verhalten haben, kann der Arbeitgeber ihnen grundsätzlich nicht vorschreiben. Private Äußerungen sind von der Meinungsfreiheit gedeckt. Allerdings hat der Arbeitnehmer eine sog. Treuepflicht. Können bestimmte Äußerungen dem Arbeitgeber schaden, dürfen diese untersagt werden. Hier kommen Posts in Betracht, die den Anschein erwecken, der Mitarbeiter spreche für das Unternehmen, Betriebsinterna oder vertrauliche Informationen werden veröffentlicht oder die Äußerung ist geeignet, dem Unternehmen einen schweren wirtschaftlichen Schaden zuzufügen. Es empfiehlt sich, solche Einschränkungen durch Social-Media-Guidelines zu regeln.

Glossar

➲ Datenschutzerklärung | Mit einer Datenschutzerklärung wird ein Nutzer darüber informiert, welche Daten der Webseitenbetreiber von ihm erhebt und nutzt. Webseitenbetreiber müssen eine solche Erklärung abgeben.

➲ Disclaimer | Mit einem Diclaimer, der sich oft in E-Mails oder auf Webseiten befindet, soll die Haftung für fremde Inhalte oder Links ausgeschlossen werden. Solche pauschalen Haftungsausschlüsse sind jedoch unwirksam.

➲ Double-Opt-In-Verfahren | Verfahren, bei dem der Erhalt von Newslettern in einem zweiten Schritt bestätigt wird.

➲ Düsseldorfer Kreis | Zusammenkunft der obersten deutschen Aufsichtsbehörden für den Datenschutz im nichtöffentlichen Bereich.

➲ Gesetz gegen den unlauteren Wettbewerb (UWG) | Die gesetzliche Grundlage gegen unlauteren Wettbewerb und regelt, unter welchen Voraussetzungen bestimmte geschäftliche Handlungen „unlauter“ und damit unzulässig sind.

➲ Impressum | Anbieterkennzeichnung; enthält gesetzlich vorgeschriebene Angaben desjenigen, der elektronische Informations- und Kommunikationsdienste anbietet (z. B. Website).

➲ Informationsfreiheit | Grundrecht, das jedem Menschen gewährleistet, sich aus allgemein zugänglichen Quellen zu unterrichten.

➲ Lizenzanalogie | Eine Möglichkeit, um die Höhe des Schadensersatzes zu berechnen, wenn z. B. Urheber- oder Markenrechte verletzt wurden. Die Höhe bestimmt sich danach, was der Verletzer üblicherweise in diesem Fall an Lizenzgebühr hätte zahlen müssen.

➲ Markengesetz (MarkenG) | Gesetz, welches den Schutz von Marken und Kennzeichen regelt.

➲ Medienrecht | Sammelbegriff für diejenigen Rechtsbereiche, die für die Medien relevant sind. Es umfasst das Bürgerliche Recht, Strafrecht und öffentliches Recht. Ausgangspunkt ist das Grundrecht der Meinungs- und Informationsfreiheit.

➲ Namensrecht | Schützt sowohl Privatpersonen als auch Unternehmen davor, dass ihr Name von Dritten unerlaubt verwendet wird.

➲ Nutzungsrechte | Der Urheber kann anderen erlauben, sein Werk auf eine bestimmte Art und Weise zu nutzen. Man unterscheidet zwischen einfachen und ausschließlichen Nutzungsrechten. Das ausschließliche Nutzungsrecht erlaubt allein dem Inhaber dieses Nutzungsrechts, das Werk zu nutzen. Das einfache Nutzungsrecht erlaubt dem Inhaber dieses Nutzungsrechts, das Werk in der vereinbarten Weise zu nutzen. Daneben können der Urheber und andere Personen das Werk nutzen. Man spricht bei Nutzungsrechten auch von der Einräumung von Lizenzen.

➲ Personenbezogene Daten | Angaben über persönliche oder sachliche Verhältnisse einer bestimmten oder bestimmbaren Person. Hierzu zählen alle Daten, die einen Personenbezug haben können, wie z. B. Adresse oder Geburtsdatum.

➲ Regress | Rückgriffsmöglichkeit. Jemand ist einem anderen zum Schadensersatz verpflichtet, kann aber seinerseits einen Dritten für die Rechtsverletzung in Anspruch nehmen.

➲ Schöpfungshöhe | Wird auch Gestaltungshöhe genannt, beschreibt das Maß an Individualität, das einem Werk anhaftet. Wird die notwendige Schöpfungshöhe nicht erreicht, besteht kein Urheberrechtsschutz. Wie hoch die Schöpfungshöhe ist, richtet sich nach der jeweiligen Werkart.

➲ Tatsachenbehauptung | Bezieht sich auf objektive Umstände, deren Wahrheitsgehalt einem Beweis zugänglich, also nachprüfbar ist. Abzugrenzen ist sie von der Meinungsäußerung oder einem Werturteil, die jeweils einen subjektiven Gehalt haben.

➲ Urheberrecht | Recht des geistigen Eigentums, schützt künstlerische oder wissenschaftlich-technische Leistungen, die ein gewisses Maß an Originalität und Kreativität aufweisen.

➲ Urheberpersönlichkeitsrecht | Schützt die ideellen Interessen des Urhebers auf Bestand und Unversehrtheit seines Werkes; ist nicht übertragbar.

➲ Störer | Der Störer ist selbst kein Täter oder Teilnehmer. Er trägt aber in irgendeiner Weise willentlich oder ursächlich zu einer Rechtsverletzung bei. Er haftet dann für die Rechtsverletzung, wenn er Prüfpflichten verletzt hat, obwohl es ihm zumutbar gewesen wäre, diese einzuhalten. So ist bspw. derjenige ein Störer, der ein offenes WLAN unterhält. Verschafft sich ein Dritter Zugang zu diesem WLAN und verletzt die Urheberrechte eines Dritten, haftet der Störer dafür, auch wenn er selbst die Urheberrechtsverletzung nicht begangen hat. Denn es wäre ihm zumutbar gewesen, sein WLAN gegen den Zugriff durch Dritte zu schützen.

➲ Werk | Ergebnis menschlichen kreativen Schaffens, das unter bestimmten Voraussetzungen urheberrechtlich geschützt ist.

Literaturverzeichnis

Bingener, S.: Markenrecht – Ein Leitfaden für die Praxis, Verlag C. H. Beck, 2012.

Boesche, K.: Wettbewerbsrecht, C. F. Müller Verlag, 2011.

Brox, H.; Walker, W.: Allgemeiner Teil des BGB, Verlag Franz Vahlen GmbH, 2013.

Cole, M. D.: Medienrecht. In: Schanze, H.; Pütz, S. (Hrsg.): Metzler Lexikon Medientheorie, Medienwissenschaft, Verlag JB Metzler, 2002.

Dörr, D.; Schwartmann, R.: Medienrecht, C. F. Müller Verlag, 2012.

Dreier, T.; Schulze G.: Urheberrechtsgesetz, Kommentar, Verlag C. H. Beck, 2013.

Fechner, F.: Medienrecht, Mohr Siebeck Verlag, 2014.

Hoeren, T.: Internetrecht, ebook, 2015.

Hoeren T., Sieber, U., Holznagel, B.: Handbuch-Multimedia-Recht, Verlag C.H. Beck 2015

Köhler, H.; Bornkamm, J.: Gesetz gegen den unlauteren Wettbewerb, Kommentar, Verlag C. H. Beck, 2014.

Paschke, M.: Medienrecht, Springer Verlag, 2009.

Pieroth, B.; Schlink, B.; Kingreen, T.; Poscher, R.: Grundrechte Staatsrecht II, C. F. Müller Verlag, 2015.

Rehbinder, M.: Urheberrecht, Verlag C. H. Beck, 2015.

Schanze, H.: Metzler Lexikon Medientheorie und Medienwissenschaft, Verlag J. B. Metzler, 2002.

Schönke, A.; Schröder, H.: Strafgesetzbuch Kommentar, Verlag C. H. Beck, 2014.

Wanckel, E.: Foto- und Bildrecht, Verlag C. H. Beck, 2012.

Wandtke, A.; Bullinger, W.: Praxiskommentar zum Urheberrecht, Verlag C. H. Beck, 2014.

Stichwortverzeichnis

P

Q

R

S

T

U